目次

算数

理科

社会

国語

英語

＊英語には『まとめテスト』はありません。
＊算数・理科・社会・英語は後ろから始まります。
＊シールの台紙は最後《さいご》にあります。

漢字クイズに挑戦《ちょうせん》！

「□」の形に 2 画つけ足して，5 画の漢字を作ってみよう。

ルール

① 2 画をつけ足す場所は，「□」の中でも外でもかまいません。

【例《れい》】「田」→「口」＋「十」…「口」の中に，たてと横の 2 画を足しています。

「白」→「口」＋「ノ一」…「口」の外に 1 画，「口」の中に 1 画足しています。

② つけ足す画は，直線でも曲線でもかまいません。

【例】「兄」→「口」＋「儿」…「口」の外に，曲線を 2 画足しています。

4 年生までに習う漢字では，上の「田」「白」「兄」のほかに 11 個あるよ！　全部わかるかな？

答えを考えてみましょう

今までに習った漢字のほかにも，たくさん答えがあるよ。本や新聞，漢字辞典《じてん》の中からさがしてみてね！

【答え】

《4 年生までに習う漢字》

石・右・目・四・古・台・号・由・申・加・司

《5 年生以上《いじょう》で習う漢字》

句・可・旧・占・召・囚・甲・史　など

国 語

ページ

★ 算数は 63 ページから始まります。
★ 理科は 39 ページから始まります。
★ 社会は 33 ページから始まります。
★ 英語は 73 ページから始まります。

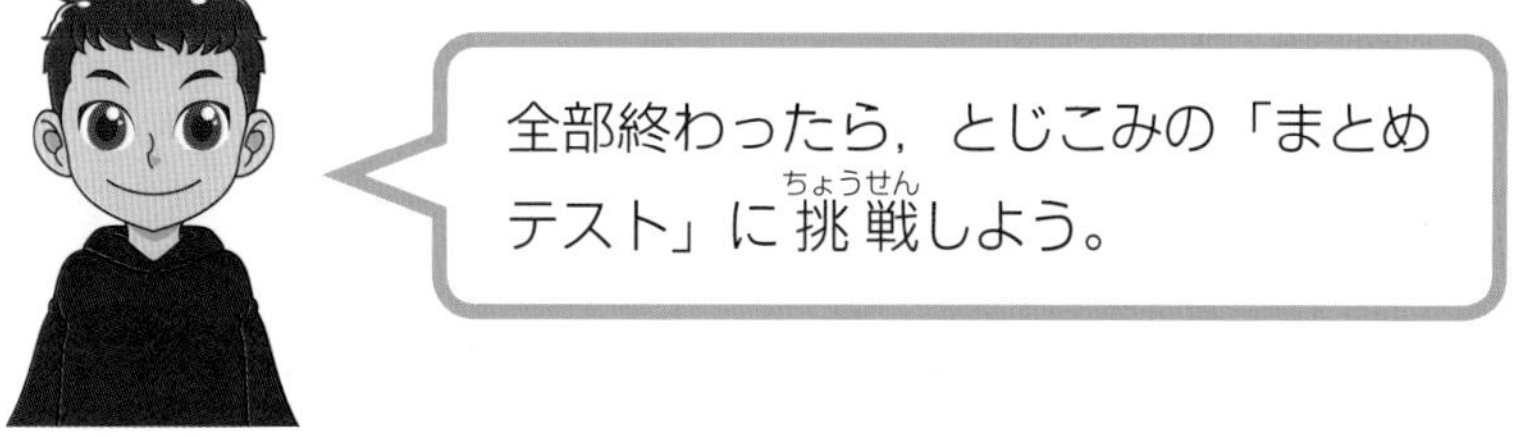

全部終わったら，とじこみの「まとめテスト」に挑戦《ちょうせん》しよう。

左のマークはむずかしい内容《ないよう》についています。とくことができれば自信《じしん》をもってよい問題です。
まちがえた場合は，『答えと考え方』を読んで理解《りかい》しておきましょう。

国語

第1回 漢字・言葉の学習①

学習日　月　日

得点《とくてん》　／100点

問一 次の(1)~(4)の文の主語と述語《じゅつご》はどれですか。それぞれ記号を書きなさい。(両方できて各《かく》8点)

(1) ア妹は　イ庭に　ウいる。

(主語＝　　述語＝　　)

(2) ア花だんに　イ植えた　ウ朝顔の　エ芽《め》が　オ出た。

(主語＝　　述語＝　　)

(3) ア弟は　イ兄と　ウいっしょに　エ出かけた。

(主語＝　　述語＝　　)

(4) ア空に　イ白い　ウ雲が　エうかぶ。

(主語＝　　述語＝　　)

問二 次の(1)・(2)の文の□の言葉は、どの言葉をくわしくしていますか。それぞれ記号を○で囲《かこ》みなさい。(各4点)

(1) [高い]　アとうに　イのぼって、　ウ景色《けしき》を　エながめる。

(2) [高く]　ア空を　イとぶ　ウ鳥の　エすがたが　オ見える。

問三 次の(1)・(2)の文の□の部分をくわしくする言葉(修飾語《しゅうしょくご》)はどれですか。あてはまるものをすべて選《えら》び、記号を○で囲みなさい。(各4点)

(1) ア雨上がりには　イ空に　ウ大きくて　エきれいな　[にじが]　オかかる。

(2) ア先週の　イ日曜日に　ウぼくの　エ父は　オ富士山《ふじさん》に　[登った]。

問四 次の(1)～(3)の文の（　　）にあてはまる言葉を、——の言葉に注意してあとの□から一つずつ選び、（　　）に書きなさい。（各4点）

(1) （　　　　）雨ならば、遠足は中止だ。

(2) （　　　　）明日は晴れるだろう。

(3) くもっていて（　　　　）星が見えない。

少し・どうか・ずいぶん・もし・たぶん

問五 次の(1)～(3)の文の□にあてはまる言葉を、——の言葉に注意して、ひらがなで書きなさい。（各5点）

(1) 何を言っているのか全くわから□□。

(2) なぜ失敗《しっぱい》したの□、理由を考える。

(3) 顔が真っ赤で、まるでりんごの□□□。

問六 次の□には漢字を書きなさい。また、（　　）には送りがなを書きなさい。（各5点）

(1) なべに□《しお》を加《くわ》える。

(2) 花の□《たね》を植える。

(3) □□《そうこ》に荷物を入れる。

(4) □□《とくべつ》な用意をする。

(5) 図書館で本を□《かりる》（　　　　）。

4年生で習う漢字の書き取りだよ。書けなかった漢字は、しっかり覚《おぼ》えておこう。

答えは『答えと考え方』

国語

第2回

物語の読み取り①

国語

次の文章を読んで、あとの問いに答えなさい。

今度の学校で、ボクのクラスは四年二組。たんにんは、星野《ほしの》先生という太ったオバサンで、教室は校舎《こうしゃ》の三階のいちばんはじ。

①星野先生が黒板に、白いチョークで大きく書いてくれた自分の名前の前に立つ。

クラス中のしせんがボクに集中していた。何度体験《たいけん》しても、キンチョーするいっしゅんだ。ボクは心を落ちつかせるため、しんこきゅうをした。せすじをのばし、うつむいてしまいそうになる顔をむりやりもちあげた。

②とにかく、はじめがかんじんなのだ。ビビッてると思われたらおしまいだ。かといって、むだに元気なのもバツ。へたなことをしゃべって、みょーに目立ったりするのもいけない。大きくもなく小さくもなく、エラそーでもなく弱そーでもないフツーの声で、

「はじめまして。ボクは、山田一郎《やまだいちろう》です。」

すべては、この自己《じこ》しょうかいにかかっているんだか

問一 ——①、「ボク」は、このときのことをどのように感じていますか。それがわかる一文を文中から書きぬきなさい。（25点）

問二 ——②と考えて、「ボク」はどのようにあいさつをしたのですか。その様子がわかる言葉を文中から九字で書きぬきなさい。（25点）

学習日　月　日

得点《とくてん》　／100点

国語

ら。

可《か》もなく不可《ふか》もなく。自己しょうかいは*そつなくこなした、と自分では思う。

③上目でそっと様子をうかがうと、みんなのしせんはあいかわらずボクに集中してはいるけれど、熱《あつ》くもなく冷《つめ》たくもなくという反応《はんのう》。「ということで」と、クラスのヒトたちに向かって星野先生が声をかけた。

「みんな、わからないことは教えてあげるように。」

「はーい。」

と、好意的《こういてき》な声が返ってきて、ボクは④ホッとむねをなでおろす。

なんか、感じよさげなクラスっぽい。

ホッとして、思わず体から力がぬけそうになったけど、

「それじゃ、山田くんの席《せき》だけど……。」

星野先生がこっちを見たので、ボクはもう一度せすじをのばした。

*そつなく＝失敗《しっぱい》することなく。うまく。

問三 ――③、このときの「ボク」の様子としてあうものを次の中から一つ選《えら》び、記号を○で囲《かこ》みなさい。（25点）

ア うまく自己しょうかいができて安心している。

イ 自己しょうかいに失敗《しっぱい》して落ちこんでいる。

ウ クラスのみんなの反応が気になっている。

エ 早くほかの子たちと話したいとそわそわしている。

問四 ――④、「ボク」はどのようなことに「ホッと」したのですか。文中の言葉を用いて三十字以内《いない》で書きなさい。（25点）

花形《はながた》みつる『ベッシーによろしく』（学研刊《がっけんかん》）

答えは『答えと考え方』

第3回 説明文《せつめいぶん》の読み取り①

学習日　月　日

得点《とくてん》　／100点

次の文章を読んで、あとの問いに答えなさい。

①空にふわふわとうかぶ雲は、地上から見ると、白いわたがしのようにも見えます。しかし、その正体は空気中にうかぶ、とても小さな水や氷のつぶが集まったものなのです。近づいてみても、白っぽいきりの空気に包《つつ》まれるだけで、アザンネンながら雲に乗ることはできません。

雲をかたち作る水や氷のつぶは、直径《ちょっけい》0・02ミリメートル～0・2ミリメートル程度《ていど》と、とても小さく軽いので、地上から空に向かう空気の流れがあれば、上空をただようことができます。また、空を流れる風の向きやその強さによって次々にすがたを変《か》え、空のようすや、この先の天気を知らせてくれます。

雲の材料《ざいりょう》となる小さな水や氷のつぶはどこからやってくるのでしょうか？　わたしたちがくらす地上を包む空気には、②「水蒸気《すいじょうき》」という、目に見えない水や氷のもとがかくれています。水蒸気は、あたたかい空気の中にいればそのままでいられるのですが、空気が冷《ひ》やされ

問一　——①、「空にふわふわとうかぶ雲」とありますが、雲は何からできているのですか。文中から二十字で書きぬきなさい。（25点）

問二　——②について、次の(1)・(2)の問いに答えなさい。

(1)「水蒸気」とはどのようなものですか。次の（　）にあてはまる言葉を、文中から六字で書きぬきなさい。（20点）

（　　　）水や氷のもと。

ていくと、水や氷に変わるせいしつがあります。

空気が風船に入っていると想像《そうぞう》してみてください。風船が空高くのぼると、まわりからおさえる力（気圧《きあつ》）が弱まり、風船が次第《しだい》にふくらみます。そして、空気のもつ温度が下がっていきます。そうすると、空気が冷やされて、中にいる水蒸気が、水や氷のつぶに変わっていきます。これが集まったものが、わたしたちに見える「雲」というわけです。

それでは、雲と天気の関係《かんけい》を見てみましょう。晴れているときは、すじのような雲（巻層雲《けんそううん》）や小さな雲が整列してうかぶ（巻積雲《けんせきうん》）ことが多く、こんなときは天気がすぐにくずれることはありません。ベールがかかったようなうす雲が広がったり、太陽に光の輪《わ》がかかっているとき（高層雲）でも、天気がくずれるのは早くてもよく日あたりになります。これらの雲は、上空５０００メートル～１万３０００メートル<u>イフキン</u>のかなり高い所にあらわれます。

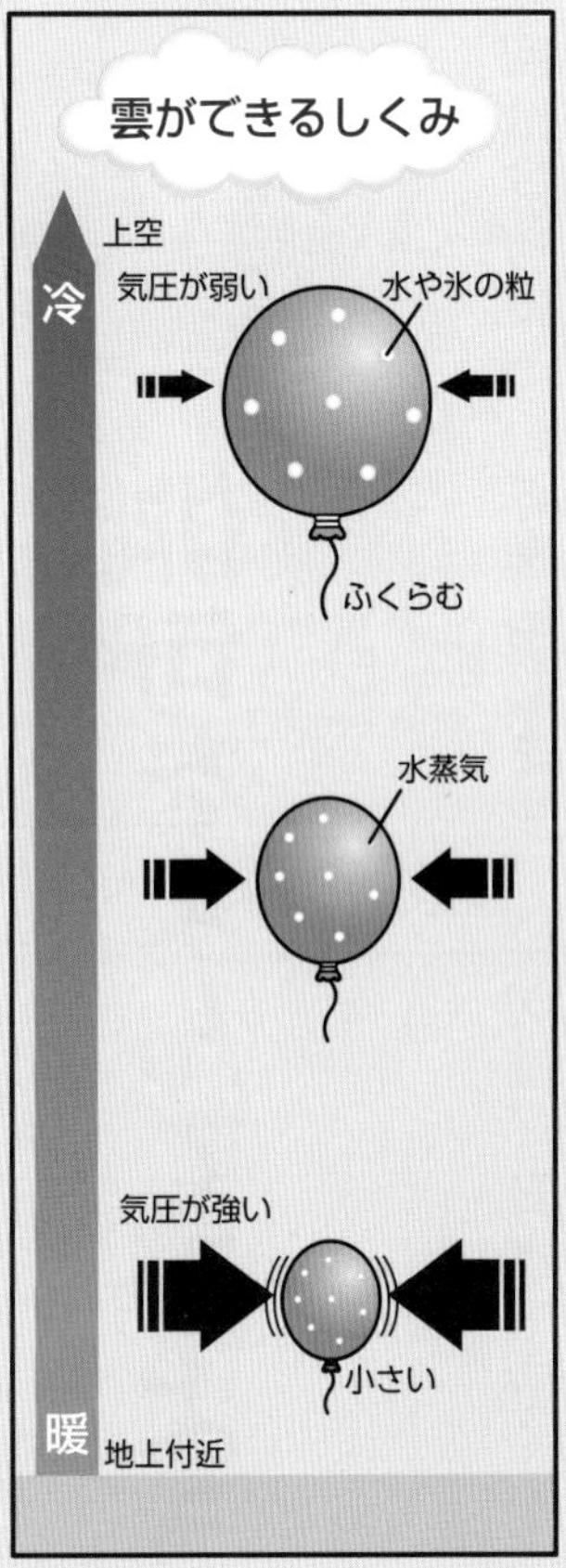
雲ができるしくみ
上空
冷
気圧が弱い
水や氷の粒
ふくらむ
水蒸気
気圧が強い
小さい
暖
地上付近

(2) 「水蒸気」にはどのようなせいしつがありますか。次の文の（　）にあてはまる言葉を、文中から三字で書きぬきなさい。（20点）

空気が冷やされていくと、（　　）のつぶに変わるというせいしつ。

問三 問題文の内容《ないよう》としてあわないものを次の中から一つ選《えら》び、記号を○で囲《かこ》みなさい。（25点）

ア 晴れているときには巻層雲がうかぶことが多い。
イ 空にうかぶすじのような雲を巻層雲という。
ウ 巻積雲がうかんだときには天気がすぐくずれることはない。
エ 高層雲がうかぶとすぐに天気がくずれる。

問四 ――ア、イのカタカナを漢字に直しなさい。（各《かく》5点）

ア

イ

一般財団法人《いっぱんざいだんほうじん》日本《にほん》気象《きしょう》協会《きょうかい》監修《かんしゅう》『天気の不思議《ふしぎ》がわかる!』（実業之日本社《じつぎょうのにほんしゃ》刊《かん》）

答えは『答えと考え方』

第4回 俳句《はいく》をよんでみよう

学習日　月　日

今回は俳句について学習します。俳句は、日本で古くから作られてきた短い詩のことで、次の二つのきまりがあります。

きまり①　「五、七、五」の十七音で作る。

五　七　五
初冬《はつふゆ》や　日和《ひより》になりし　京《きょう》はづれ

五　七　五
名月《めいげつ》を　とってくれろと　泣《な》く子《こ》かな

「京」の「きょ」は一音と数えるよ。また、小さな「つ」は一音に数えるから、「とって」で三音になるよ。

きまり②　季節《きせつ》を表す言葉（季語）を入れる。

しずけさや　岩《いわ》にしみ入《い》る　せみの声《こえ》

せみ → 夏を表す言葉

右の俳句の季語は「せみ」で、「夏」を表すよ。上の二つの俳句の季語は、それぞれ「初冬」と「名月」で、「冬」と「秋」を表すよ。

季語には、次のようなものがあります。

春の季語	春一番・菜《な》の花・つくし・ちょうちょ
夏の季語	ゆかた・ヨット・かぶと虫・金魚
秋の季語	秋晴れ・運動会・いなご・ぶどう
冬の季語	年こし・手ぶくろ・ストーブ・もちつき

やってみよう

1 次の俳句から、季語をさがして書きぬきましょう。また、その季語が表す季節を答えましょう。

(1) 赤とんぼ　つくばに　雲もなかりけり

季語＝（　　　　）　季節＝（　　　　）

(2) 梅一輪《うめいちりん》　一輪ほどの　あたたかさ

季語＝（　　　　）　季節＝（　　　　）

2 それぞれの季節の季語をあとの□の中から一つずつ選び、俳句をよみましょう。

(1) 選んだ季語＝（　　　　）

俳句＝

春の季語…ひな祭り・うぐいす
すみれ・さくら

(2) 選んだ季語＝（　　　　）

俳句＝

冬の季語…初雪《はつゆき》・クリスマス
みかん・こたつ

3 季語を考えて、俳句をよみましょう。

(1) どの季節を俳句によむか決めて、季節を○で囲《かこ》みましょう。

（春　・　夏　・　秋　・　冬）

(2) その季節の季語をいくつか考えましょう。

(3) (2)の季語を一つ使って、俳句をよみましょう。

俳句＝

答えは『答えと考え方』

国語

第5回 漢字・言葉の学習②

学習日　月　日

得点《とくてん》　／100点

問一 次の(1)~(4)の（　）にあてはまる言葉を、あとの[　]の中から一つずつ選《えら》び、慣用句《かんようく》を完成《かんせい》させなさい（同じ言葉を二回使わないこと）。（各《かく》5点）

(1) （　　　）をかぶる。
〈意味〉本当のせいかくをかくす。

(2) （　　　）になる。
〈意味〉得意《とくい》になって調子にのる。

(3) （　　　）のなみだ。
〈意味〉ほんのわずかなもののたとえ。

(4) （　　　）の知らせ。
〈意味〉よくない予感がする。

[虫・おに・てんぐ・つばめ・すずめ・ねこ]

問二 次の(1)~(3)のことわざとにた意味をもつことわざを、あとの**ア**~**ウ**から一つずつ選び、記号を○で囲《かこ》みなさい。（各5点）

(1) ねこに小判《こばん》
ア かっぱの川流れ
イ ぶたに真じゅ
ウ どんぐりのせいくらべ

(2) 弱り目にたたり目
ア 二度あることは三度ある
イ 犬も歩けばぼうに当たる
ウ 泣《な》き面《つら》にはち

(3) のれんにうでおし
ア ぬかにくぎ
イ たからの持ちぐされ
ウ 月とすっぽん

問三 次の(1)~(4)の言葉とにた意味の言葉を、あとの[　]の中から一つずつ選び、(　)に書きなさい。(各4点)

(1) 決意＝(　　　)

(2) 欠点《けってん》＝(　　　)

(3) 賛成《さんせい》＝(　　　)

(4) 手段《しゅだん》＝(　　　)

[意外・短所・苦労《くろう》・決心・同意・感心・方法《ほうほう》]

問四 次の(1)・(2)の言葉と反対の意味の言葉を、あとの[　]の中から一つずつ選び、(　)に漢字に直して書きなさい。(各4点)

(1) 人工↔(　　　)

(2) 現実《げんじつ》↔(　　　)

[けっか・しんか・りそう・しぜん・へんか]

問五 次の(1)・(2)の言葉と反対の意味の言葉を、それぞれ書きなさい。(各3点)

(1) 暑い↔(　　　)

(2) 熱《あつ》い↔(　　　)

問六 次の□には漢字を書きなさい。また、(　)には送りがなを書きなさい。(各5点)

(1) げんかんの□《かがみ》をみがく。

(2) 庭の□《うめ》の花がさく。

(3) 三角形の□《めん》□《せき》を求《もと》める。

(4) □《えい》□《よう》のある食事をとる。

(5) □《けん》□《こう》に気をつける。

(6) さわぎが□(　　)《しずまる》。

(7) 練習を□(　　)《つづける》。

答えは『答えと考え方』

国語

第6回 説明文の読み取り②

次の文章を読んで、あとの問いに答えなさい。

鳥類《ちょうるい》のなかには、生きているけものや小鳥などをおそう肉食の鳥がいます。フクロウ類やワシ・タカ類です。これらの鳥をもうきん類とよんでいます。①もうきん類はくらしがにていて、先のするどく、おれまがったくちばしや、足のつめなど、からだつきもにています。

こんなところから、②フクロウ類とワシ・タカ類は、近いなかまだと考えられていたこともあります。（　A　）、こっかくやからだのこうぞうなどの研究がすすむにつれて、両者はまったくちがった進化の道すじをたどっている鳥だということがわかってきました。

くちばしや足の形がにているのは、どちらも生きているけものや小鳥をおそうという、にたくらしをしてきた結果《けっか》だと考えられます。でも、両者のくらしもくわしく観察《かんさつ》すると、さまざまなちがいがあることに気がつきます。

問一 ――①とありますが、それはどのような鳥ですか。文中から二十一字で書きぬきなさい。（25点）

問二 ――②とありますが、なぜ、フクロウ類とワシ・タカ類は近いなかまだと考えられていたのですか。二十字以内《いない》で書きなさい。（30点）

学習日　月　日

得点《とくてん》　／100点

第一に、活動する時間帯《じかんたい》がちがいます。ワシ・タカ類は昼間活動しますが、フクロウ類はおもに夜間活動します。ワシ・タカ類は昼の、フクロウ類は夜のもうきん類です。

第二に、えもののさがしかたがちがいます。ワシ・タカ類は、よくきく目でえものをさがします。上空をゆっくり*せん回しながら地上をみおろし、えもののわずかな動きからでも、これをみつけだします。

一方、フクロウ類は、目もよくききますが、むしろ耳がたよりです。木のえだにとまったまま耳をすまし、えものがたてるわずかな音もとらえて、えものの方角やきょりまでをききあてるといわれています。

第三に、巣作《すづく》りの場所がちがいます。ワシ・タカ類は、高い木の上や*岩だななどに巣をつくりますが、フクロウ類は、古木などにできた*うろを利用《りよう》します。

このようなさまざまなくらしのちがいがあるために、おなじ森でくらしていても、フクロウ類と、ワシ・タカ類はえものをうばいあったり、巣作りをする場所をとりあったりすることがないわけです。

*せん回＝円をえがくように、ぐるぐる回ること。
*岩だな＝岩が、たなのように平らになっている所。
*うろ＝空どうになっている部分。

福田俊司《ふくだとしじ》『フクロウ』（あかね書房刊《しょぼうかん》）

問三 （　Ａ　）にあてはまる言葉を次の中から一つ選《えら》び、記号を〇で囲《かこ》みなさい。（20点）

ア また　**イ** しかし
ウ そのため　**エ** なお

問四 問題文の内容《ないよう》としてあうものを次の中から一つ選び、記号を〇で囲みなさい。（25点）

ア フクロウ類とワシ・タカ類は、同じ進化の道すじをたどってきたことが、研究によってわかった。
イ フクロウ類とワシ・タカ類にはほとんどちがいがなく、巣作りの場所やえものの好《この》みも同じである。
ウ フクロウ類もワシ・タカ類も、夜の暗い時間帯には活発に活動するが、昼間は全く活動しない。
エ フクロウ類とワシ・タカ類は、くらしのさまざまなちがいによって、おたがいに争《あらそ》うことがない。

答えは『答えと考え方』

第7回

国語

物語の読み取り②

学習日　月　日

得点《とくてん》　／100点

次の文章を読んで、あとの問いに答えなさい。

圭太《けいた》は図書館でかりた本をなくしてしまうが、だれかが図書館にとどけてくれていた。

圭太が、ためいきをついています。

（おれいをいいたいよね、どうしたらさがせるだろう）

①三人はだまって、かんがえこむばかりです。

「ねえ、ゆうがたのさんぽでひろってくれたんでしょう。『図書館の本をひろってくれた人をさがしています』って画用紙にかいて、それをかかえて公園のよこに立ってみたら」

あずさがいいました。

②「かかえて立つのかよ」

圭太は、それははずかしいという顔です。

「一人ではいやなら、わたしたちもいっしょに立ってあげる、ね」

あずさはいうのです。③まゆみは思わずあとずさりでした。

問一　——①、三人はどのようなことについてかんがえこんでいるのですか。次の文の（Ａ）・（Ｂ）にあてはまる言葉をそれぞれ文中から書きぬきなさい（Ａは十四字・Ｂは十二字）。（各《かく》15点）

（Ａ）におれいをいいたいけれど、（Ｂ）ということ。

Ａ

Ｂ

問二　——②、このとき圭太はどのような気持ちでしたか。次の文の（　）にあてはまる言葉を文中から五字で書きぬきなさい。（20点）

「さがしたいんでしょう。さがそうよ」

あずさのいきおいにのみこまれて、あずさの家へよって、さっそくプラカードづくりです。

それをもって、三人でゆうがたの公園に立ちましたが、声をかけてくれた人はいなくて……。

もしかしたら、あさのさんぽにしたのかもしれないと、日曜日のあさも立ってみたけれど、わからなくて……。

④もう一度だけと、ゆうがたまた立ってみたら、

「わたしのことかな」

と、名のってくれたおじいさんがいて、

「図書館の本をそまつにして、こまったもんだと思ったんだが、こうしてさがしてまでくれて、うれしいよ。本はすきかい、あげたいものがあるんだ」

そういって、家までつれていって、本をくれました。『かえで町のむかし話』という本でした。

「みんなで読んでくれたら、うれしいよ」

おじいさんはそういいました。

「ありがとうございます」

三人の声があかるくはずみました。

（　　　）からいやだという気持ち。

問三 ――③、思わずあとずさりしてためらっていたまゆみが、あずさに協力《きょうりょく》することにしたのはなぜですか。文中の言葉を用いて二十字以内《いない》で書きなさい。（25点）

問四 ――④、このときの三人の気持ちとしてあうものを次の中から一つ選《えら》び、記号を○で囲《かこ》みなさい。（25点）

ア 相手を待つことにつかれていらいらする気持ち。

イ 自分たちのことをだれかに気づいてほしいという気持ち。

ウ もう人をさがすのはあきらめようと思う気持ち。

エ さがしている人が見つかってほしいという気持ち。

宮川《みやがわ》ひろ『わすれんぼうに　かんぱい！』（童心社《どうしんしゃ》刊《かん》）

答えは『答えと考え方』

第8回 写真を見て説明文《せつめいぶん》を書こう

今回は、写真を見て説明文を書く練習をします。写真を見ていない人に、その写真の内容《ないよう》を文章で説明するには、どのように書くのがよいでしょうか。

説明文を書くときに注意したいのは、次の二点です。

① 写真を見てわかったことだけを書く。

② 自分の考えや想像《そうぞう》したことは書かない。

自分の考えや想像を入れてはいけないのは、人によって内容が変《か》わってしまったり、事実ではないことが交ざってしまったりして、正しく内容が伝《つた》わらなくなるからです。

●よい例《れい》

男性《だんせい》がけいたい電話で話をしています。男性のかみは黒色で短く、めがねをかけています。また、うで時計をしていて、はい色のスーツを着ています。男性は自動車のドアにうでを置《お》いて、笑顔《えがお》で話をしています。

写真から読み取れたことをもとに文章をまとめることができています。男性の服装《ふくそう》や、男性が何をしているのかが、しっかり説明できている点がよいですね。

●よくない例

男性がけいたい電話で話をしています。笑顔でとても楽しそうに話をしています。たぶん家族と会話をしているのだと思います。うで時計をしてはい色のスーツを着ているので、お金持ちのような気がします。

「たぶん」「思います」「気がします」など、自分の考えや想像したことを書いてしまっています。写真を見てわかる事実だけを書くようにしましょう。

学習日 月 日

やってみよう

(1) 二枚の写真を見て、説明文を書いてみましょう。

最初《さいしょ》に何が中心に写っているかを説明して、次に背景《はいけい》など細かい部分を説明するようにするとよいよ。ここでは、羊や牧場《ぼくじょう》の様子を説明するようにしよう。

(2)

写真にはどのような人物が写っているかな。また、その人物は何をしているんだろう。着ている服や表情《ひょうじょう》などにも注意して、説明しようね。

答えは『答えと考え方』

国語

第9回 漢字・言葉の学習③

学習日　月　日

得点《とくてん》　／100点

問一 次の(1)～(3)の読み方をする言葉を、それぞれ□に漢字で書きなさい。(各《かく》3点)

(1) ジドウ
① □館で遊ぶ。
② □ドアがしまる。

(2) イイン
① 図書□になる。
② となり町の□に通う。

(3) キカイ
① □体操《たいそう》をする。
② 工場の□を動かす。
③ 絶好《ぜっこう》の□をのがす。

問二 次の(1)～(3)の読み方をする漢字を、それぞれ□に書きなさい。(各3点)

(1) はな(す)
① 小さな声で□す。
② 魚を川に□す。

(2) かえ(る)
① 急いで家に□る。
② 正気に□る。

(3) あ(ける)
① 梅雨《つゆ》が□ける。
② 旅行のために時間を□ける。
③ 教室のまどを□ける。

問三 次の(1)〜(3)の文の（　）にあてはまる接続語《せつぞくご》を、あとの**ア**〜**ウ**から一つずつ選《えら》び、記号を○で囲《かこ》みなさい。（各5点）

(1) 雨がふってきた。（　）強い風までふいてきた。

ア しかし　**イ** しかも　**ウ** ところで

(2) 山に行くのがよいか、（　）海に行くのがよいか。

ア それとも　**イ** そして　**ウ** つまり

(3) 黒色（　）青色のペンが必要《ひつよう》だ。

ア すなわち　**イ** ゆえに　**ウ** または

問四 次の(1)・(2)の文を、【例《れい》】にならって接続語を使って二つの文に分けて書きなさい。（各4点）

【例】山を登っていくと、遠くに海が見えた。
山を登っていった。すると、遠くに海が見えた。

(1) 手紙を読んだが、内容《ないよう》がよくわからなかった。

（　　　　）

(2) 雨がふっていたから、外出するのはやめた。

（　　　　）

問五 次の□には漢字を書きなさい。また、（　）には送りがなを書きなさい。（各5点）

(1) □《はた》をふっておうえんする。

(2) 川の□《そこ》を調べる。

(3) 新聞を□□《いんさつ》する。

(4) 好《す》きな□□《きせつ》を答える。

(5) 席の□□《はいち》を考える。

(6) 平和な世界を□（　）《ねがう》。

(7) 名前を□（　）《おぼえる》。

答えは『答えと考え方』

第10回 物語の読み取り③

国語

次の文章を読んで、あとの問いに答えなさい。

浩一《こういち》と朱美《あけみ》は、けがをしたおじいちゃんに、助けをよんでくるようにたのまれる。朱美は、浩一に春風《はるかぜ》という馬に乗っていくようにいう。

たしかに、春風には、きょう一度だけ乗っている。しかし、そのときは、おじいちゃんがたづなを引いてくれていたのだ。だのに、いきなり春風に乗って帰れだなんて……。朱美ちゃんもずいぶんひどいことをいうもんだ。

浩一が、そんな思いで①朱美ちゃんをにらみつけていると、

「そう、それは考えたわ。でもね、宗《そう》じいは、あちこちけがもしているし、このまま放っておけないじゃない？破傷風《はしょうふう》にでもなったらたいへんでしょ。わたし応急《おうきゅう》手当ての薬も持ってきているし、けがの手当てを先にすませたいのよ。ね、だから、お願《ねが》い。早く春風に乗って帰って、おばあちゃんにこのこと知らせて！」

朱美ちゃんは両手を合わせ、おがむようにしていうと、

問一 ――①、浩一がこのような行動をしたのはなぜですか。三十字以内《いない》で書きなさい。（25点）

問二 ――②、朱美はどのような意見をいったのですか。次の文の（Ａ）・（Ｂ）にあてはまる言葉をそれぞれ文中から書きぬきなさい（Ａは六字・Ｂは四字）。（各《かく》15点）

自分はおじいちゃんの（Ａ）をするから、浩一は春風に乗って帰って、おばあちゃんにけがのことを（Ｂ）ほしいという意見。

学習日　月　日

得点《とくてん》　／100点

早くも自分のリュックから救急薬《きゅうきゅうやく》を取り出し、かいがいしくおじいちゃんのきずの手当てをはじめている。

すると、おじいちゃんも②朱美ちゃんの意見に賛成《さんせい》するように、浩一の顔をまっすぐに見つめていった。

「なるほど。朱美ちゃんは、そこまで考えたか。なーに、春風は、けっこうりこうな馬での、わしはときどき、春風をひとりで帰すことがあるんじゃ。春風は、そのたびにちゃんとひとりで帰っている。なあ、浩一。ひとつ、やってみてくれないか。なにしろ、わしは動けないし、朱美ちゃんには、わしのそばにいてもらって、いろいろ手助けしてもらわなならんでのう。」

「うーん……。」

浩一は、まよった。

だが、③まよってなんかいる場合じゃないのだ。おじいちゃんは大けがをしているし、動けるのは浩一と朱美ちゃんと春風だけしかいないのだ。

A

B

問三 ――③、浩一はこのときどのような気持ちだったのですか。あうものを次の中から一つ選《えら》び、記号を○で囲《かこ》みなさい。（20点）

ア　おじいちゃんのけがが心配でうろたえる気持ち。
イ　勇気《ゆうき》を出して助けをよびにいこうという気持ち。
ウ　朱美の勝手な言い分にはらを立てる気持ち。
エ　春風に乗ることが不安《ふあん》でしかたがない気持ち。

問四 朱美のせいかくとしてあうものを次の中から一つ選び、記号を○で囲みなさい。（25点）

ア　思ったことを口に出せないことが多く、気が弱い。
イ　自分のことしか考えていなくて、わがままである。
ウ　落ち着いて行動ができ、しっかりしている。
エ　人の意見に流されやすく、心配性《しんぱいしょう》である。

小林《こばやし》しげる『はしれ　春風！』（文研出版刊《ぶんけんしゅっぱんかん》）

答えは『答えと考え方』

第11回 説明文の読み取り③

学習日　月　日

得点《とくてん》　／100点

次の文章を読んで、あとの問いに答えなさい。

　ゆたかな森林しげんがある日本では、木を利用《りよう》した家づくりが伝統的《でんとうてき》に行われてきました。①江戸《えど》時代までは、木と土でつくられた家が中心でしたが、明治《めいじ》時代以降《いこう》は外国からのぎじゅつが取り入れられ、レンガやコンクリート、工場で作られる新しい材料《ざいりょう》を使った家もふえました。その一方で、「夏は暑くじめじめして、冬は寒い」という②日本の気候《きこう》に合うのは、やはり木の家です。木は、夏は外の熱《ねつ》を中に入れず、冬は中のあたたかさを外ににがさないというせいしつがあります。そして、木はしっ気をすい取ってくれるせいしつもあるのです。だから、木の家は気持ちがいいんですね。

　大工《だいく》さんが家をつくっているところを思いうかべると、金《かな》づちでくぎをトントン打っているすがたをイメージする人が多いでしょう。実は、今、日本でつくられている木の家の建《た》て方は、大きく2つに分かれます。飛鳥《あすか》・奈《な》良《ら》時代から発展《はってん》してきた、くぎや金物《かなもの》を使わない伝統的

問一　——①、明治時代以降はどのような家が多くなったのですか。文中から三十字以内《いない》でさがし、最初《さいしょ》と最後の五字を書きぬきなさい。（各《かく》10点）

最初

最後

問二　——②、木の家が日本の気候に合うのは木にどのようなせいしつがあるからですか。次の文の（ a ）〜（ c ）にあてはまる言葉を、文中から書きぬきなさい。（各10点）

・夏は（ a ）を入れず、冬は（ b ）をにがさないせいしつ。

・（ c ）をすい取るせいしつ。

a

b

c

な建て方（木組み）と、明治時代以降に外国から入ってきたくぎやボルトを使って、木と木をつなぐ今の一般《いっぱん》的な木造《もくぞう》の建て方があります。

「くぎを使わないで、どうやって木と木をくっつけるの？」と不思議《ふしぎ》に思いますよね。そこには、いろいろな木のせいしつを知りつくし、③木の強さやよさを最大限《さいだいげん》に引き出すためのワザが使われます。そのワザとは、木と木を組み合わせる所に凹凸《おうとつ》を作り、凸を凹にがっちりとはめて、つなぎ合わせるものです。凹凸には多くの種《しゅ》類《るい》があり、大工たちは、使う木のせいしつや、家の中でどの場所に当たるかによって使い分け、何百年ももつ木の家をつくります。

このようなぎじゅつは、聖徳太子《しょうとくたいし》が活やくしていた＊飛鳥時代に朝鮮《ちょうせん》半島から伝《つた》わったといわれ、日本に残《のこ》る世界一古い木の建物《たてもの》が、奈良県の斑鳩町《いかるがちょう》にある法《ほう》隆寺《りゅうじ》です。

大工の中でも、このような伝統的な工法で古い建物をしゅうふくしたり、神社や寺、家をつくる職人《しょくにん》を④宮大工とよびます。宮大工の仕事は、古い伝統を今に伝え、歴史《れきし》的な建物を未来《みらい》に残していく、とても大切な仕事です。

＊飛鳥時代＝日本の古い時代のひとつ。今から約《やく》一三〇〇年前の時代。

問三 ――③とありますが、どのようなワザですか。次の文の（Ａ）・（Ｂ）にあてはまる言葉をそれぞれ文中から書きぬきなさい（Ａは五字・Ｂは七字）。（各10点）

（Ａ）を使わずに、木と木を組み合わせる所に凹凸を作り、凸を凹にはめて、木と木を（Ｂ）というワザ。

Ａ

Ｂ

問四 ――④、筆者が「宮大工」の仕事をとても大切な仕事だと考えているのはなぜですか。文中の言葉を用いて三十字以内で書きなさい。（30点）

簑田理香《みのだりか》『日本の職人　伝統のワザ４「住」の職人』（学研教育出版《がっけんきょういくしゅっぱん》刊《かん》）

答えは『答えと考え方』

国語

第12回 漢字・言葉の学習④

問一 次の(1)・(2)の漢字の部首と部首の名前を書きなさい。（両方できて各《かく》2点）

部首　部首の名前

(1) 開（　　）・（　　）

(2) 箱（　　）・（　　）

問二 次の(1)〜(3)の■に共通《きょうつう》してあてはまる部首を、□に書きなさい。（各4点）

(1) ■公・■良・■寸……部首＝□

(2) ■羊・■主・■胡……部首＝□

(3) ■古・■何・■采……部首＝□

問三 次の(1)〜(3)の■にあてはまる部首を、┆┆の中から選び、文にあう漢字にして□に書きなさい。（各4点）

(1) 鉄■反をきれいにする。

(2) 急な■反道をかけあがる。

(3) 夕■反をごちそうになる。

飠　木　土

□　□　□

問四 次の1のカードと2のカードを組み合わせて、漢字を八つ書きなさい（同じカードを二回使わないこと）。（各3点）

1 走　禾　亻　氵　口　广　阝　心

2 皆　自　己　永　少　古　隶　主

□□□□□□□□

学習日　月　日

得点《とくてん》　／100点

問五 【例《れい》】になって、□に漢字を入れて漢字のしりとりを完成《かんせい》させなさい。（全部できて各4点）

【例】学校→校庭→庭園→園児→児童

(1) 感動→動□→□体→体□→□児

(2) 手相→相□→□話→話□→□名

(3) 明暗→□□→□□→号令《ごうれい》

(4) 調整→□□→□□→科学

(5) 不幸《ふこう》→□□→□□→転校

問六 次の□には漢字を書きなさい。また、（　）には送りがなを書きなさい。（各4点）

(1) □《まご》に会いに行く。

(2) みんなで□□《きゅうしょく》を食べる。

(3) 実験《じっけん》の□□《けっか》を報告《ほうこく》する。

(4) 試合《しあい》に□□《さんか》する。

(5) □□《さいご》のページをめくる。

(6) 箱を紙で□（　）《つつむ》。

(7) 用件《ようけん》を□（　）《つたえる》。

答えは『答えと考え方』

❸ 神奈川《かながわ》県をえがいた**地図㋐・㋑**を見て，下の問いに答えなさい。(40 点)

地図㋐

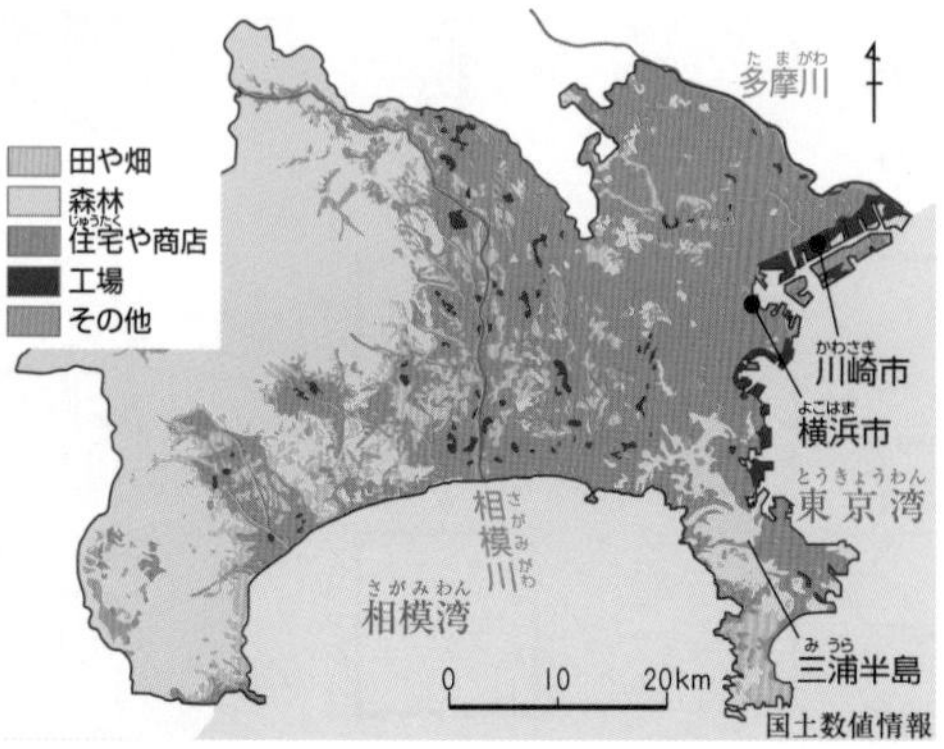

地図㋑

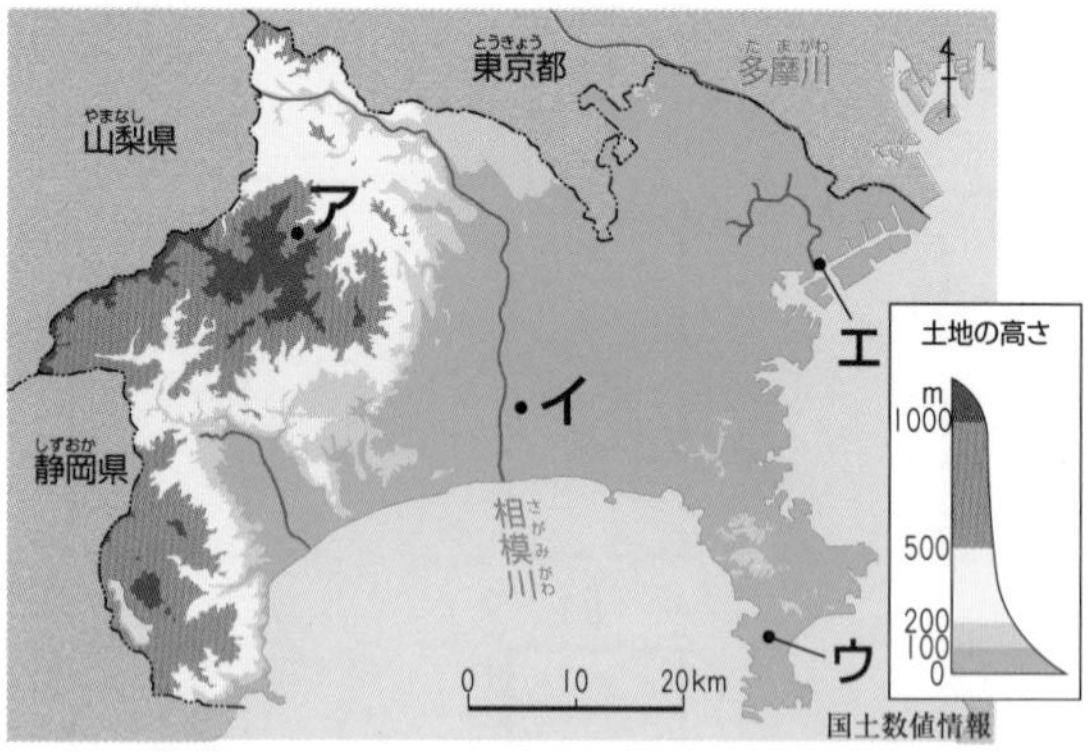

(1) **地図㋐・㋑**から読み取れることを説明《せつめい》した次の文**ア〜エ**の中からまちがっているものを１つ選び，記号を書きなさい。(10 点)

ア　県の東側《ひがしがわ》と南側が海に面している。

イ　県の西側に，山地が広がっている。

ウ　三浦《みうら》半島の南側に工場が多く見られる。

エ　土地が低いところに，住宅《じゅうたく》や商店が集まっている。　(　　　)

(2) 次の３枚の写真は，**地図㋑**中の**ア〜エ**の地点のうち，どこでさつえいされたものですか。それぞれ１つ選び，記号を書きなさい。(１つ５点)

① 

② 

③ 

①(　　　)　②(　　　)　③(　　　)

(3) 次の文章の（ ① ）〜（ ③ ）にあてはまる言葉を，下の**ア〜エ**の中からそれぞれ１つ選び，記号を書きなさい。(１つ５点)

> 横浜《よこはま》市は，外国とぼうえきを行う（ ① ）を中心に発展《はってん》したまちで，昔から多くの外国人が住んでいます。また，アメリカ合衆国《がっしゅうこく》のサンディエゴ市などと（ ② ）の関係《かんけい》を結《むす》び，文化やスポーツなどを通じて（ ③ ）を行っています。

ア　国際交流《こくさいこうりゅう》　**イ**　姉妹都市　**ウ**　共生《きょうせい》　**エ**　横浜港《よこはまこう》

①(　　　)　②(　　　)　③(　　　)

答えは『答えと考え方』

第3回

都道府県《とどうふけん》と県の広がり

学習日　月　日

得点《とくてん》　／100点

1 右の地図を見て，下の問いに答えなさい。(40点)

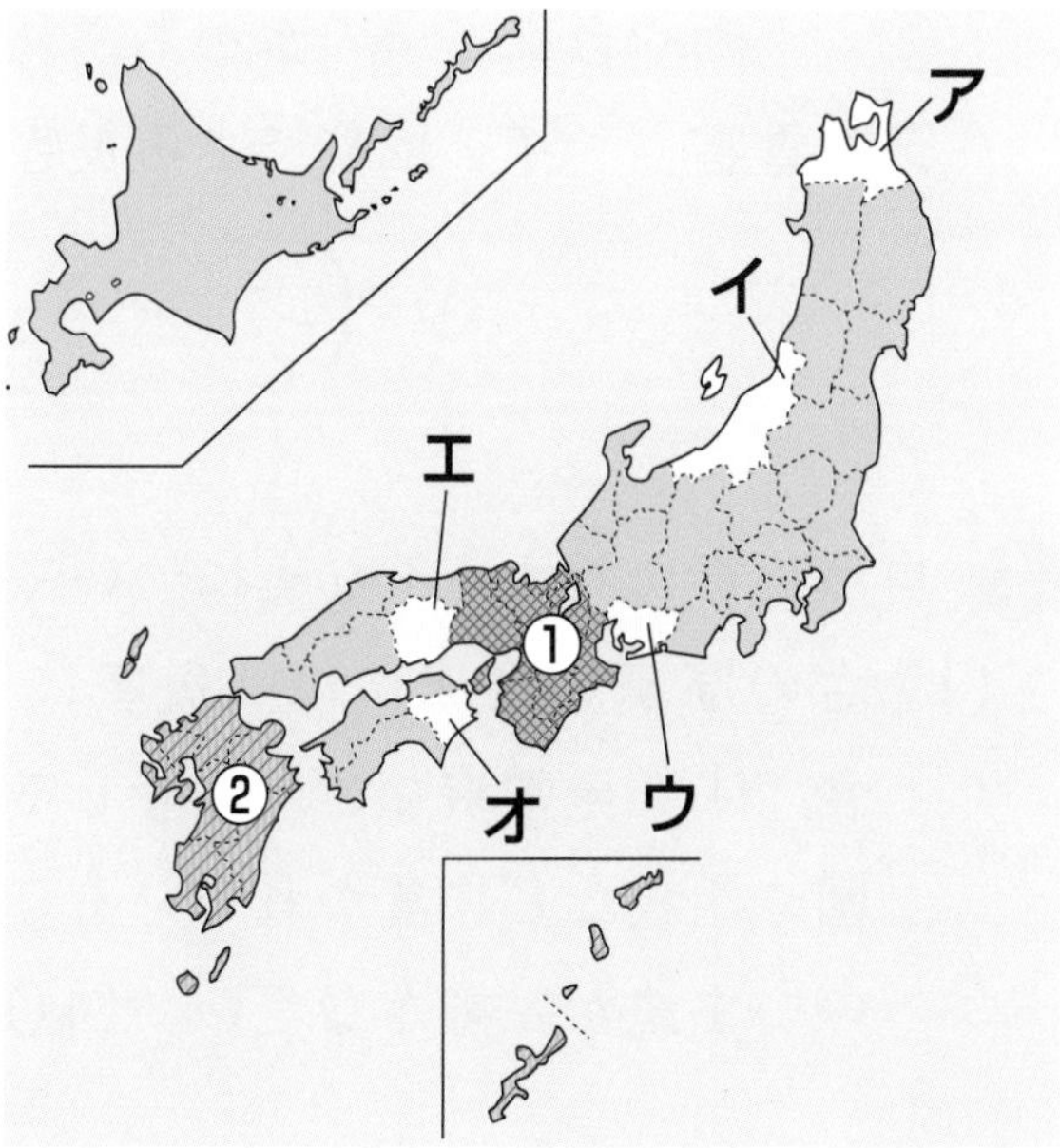

(1) 都道府県名《とどうふけんめい》と都道府県庁所在地名《とどうふけんちょうしょざいちめい》がちがうところを，図中の**ア**～**オ**の中から１つ選《えら》び，記号と都道府県庁所在地名を書きなさい。(１つ10点)

記号（　　　）

都道府県庁所在地名

（　　　　　　）

(2) 図中の①と②の地方の名前をそれぞれ書きなさい。(１つ10点)

①（　　　　　　）　②（　　　　　　）

2 次の問いに答えなさい。(20点)

(1) 右の写真は岡山《おかやま》県の備前《びぜん》市で古くからつくられている伝《でん》統的工芸品《とうてきこうげいひん》です。この工芸品の種類《しゅるい》を次の**ア**～**エ**の中から１つ選び，記号を書きなさい。(10点)

ア　織物《おりもの》　**イ**　そめ物　**ウ**　焼《や》き物《もの》　**エ**　ぬり物

（　　　）

(2) 次の**ア**～**エ**の中から正しいものを２つ選び，記号を書きなさい。(１つ５点)

ア　伝統的な工業では，地元でとれる材料《ざいりょう》やねん料が利用《りよう》されることが多い。

イ　伝統的工芸品は，地いきの特産品《とくさんひん》として多くの人に親しまれている。

ウ　伝統的工芸品は，昔からの形を守り，現代《げんだい》に合わせたものは作っていない。

エ　伝統的な工業は，大きな機械《きかい》を使って大量《たいりょう》に作られるものが多い。

（　　　）（　　　）

❸ 次の①～③の文が説明《せつめい》している自然災害《しぜんさいがい》の種類《しゅるい》を，下の**ア**～**エ**の中からそれぞれ｜つ選び，記号を書きなさい。(｜つ10点)

① はげしいゆれで多くの建物《たてもの》がたおれ，火事が発生することもある。

② 雪がたくさん積《つ》もることで，道路がじゅうたいしたり，通行止めになったりする。

③ 大雨や台風で川の水があふれたり，土砂《どしゃ》くずれが起こったりする。

ア 雪害《せつがい》　**イ** 地震《じしん》による災害　**ウ** 火山災害《かざんさいがい》　**エ** 風水害《ふうすいがい》

①（　　）②（　　）③（　　）

❹ 自然災害に対するそなえについて，あとの問いに答えなさい。(30点)

(1) 右の写真の倉庫《そうこ》には，災害にそなえて水や食料《しょくりょう》，発電機《はつでんき》などが保管《ほかん》してあります。公園や学校などに置《お》かれているこの倉庫を何といいますか。書きなさい。(10点)

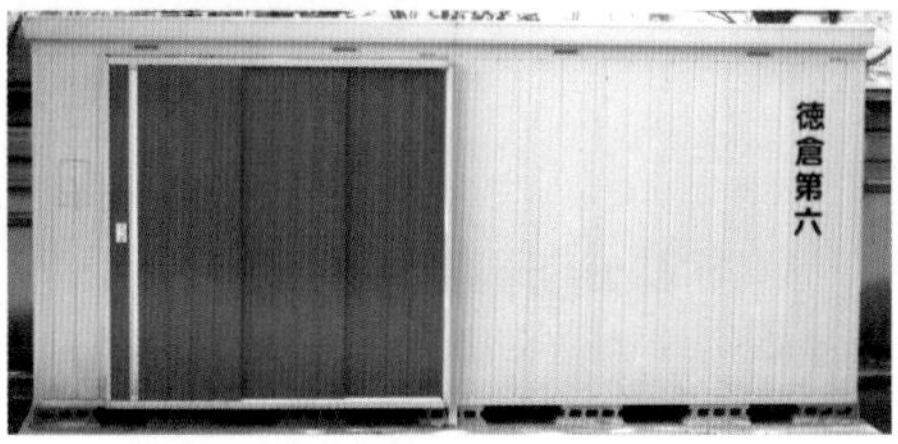

（　　　　）

(2) 自然災害に対する市や県のそなえについて説明した文としてまちがっているものを，次の**ア**～**エ**の中から｜つ選び，記号を書きなさい。(5点)

ア ハザードマップを作成して，市民《しみん》に公開している。

イ 防災会議《ぼうさいかいぎ》を開いたり，防災計画《ぼうさいけいかく》を立てたりしている。

ウ 災害時には，まちがったじょうほうが伝《つた》わらないように，最新《さいしん》じょうほうはテレビだけで伝えるようにしている。

エ 市や県，消防《しょうぼう》や自衛隊《じえいたい》などが協力《きょうりょく》して，防災訓練《ぼうさいくんれん》を行っている。

（　　）

(3) 右下の標識《ひょうしき》は，ある公民館《こうみんかん》に付けられているものです。次の①～③の災害のうち，この公民館にひなんしてよいものには○を，ひなんしてはいけないものには×を書きなさい。(｜つ5点)

（　　）① 洪水《こうずい》

（　　）② 津波《つなみ》

（　　）③ 土石流《どせきりゅう》

答えは『答えと考え方』

第2回

学習日　月　日

得点《とくてん》
／100点

今と昔／自然災害《しぜんさいがい》へのそなえ

社会

1 次の問いに答えなさい。(30点)

(1) 右の図のZ山に登るのには，**ア**の道と**イ**の道があります。どちらの道のほうが急な坂ですか。記号を書きなさい。(10点)

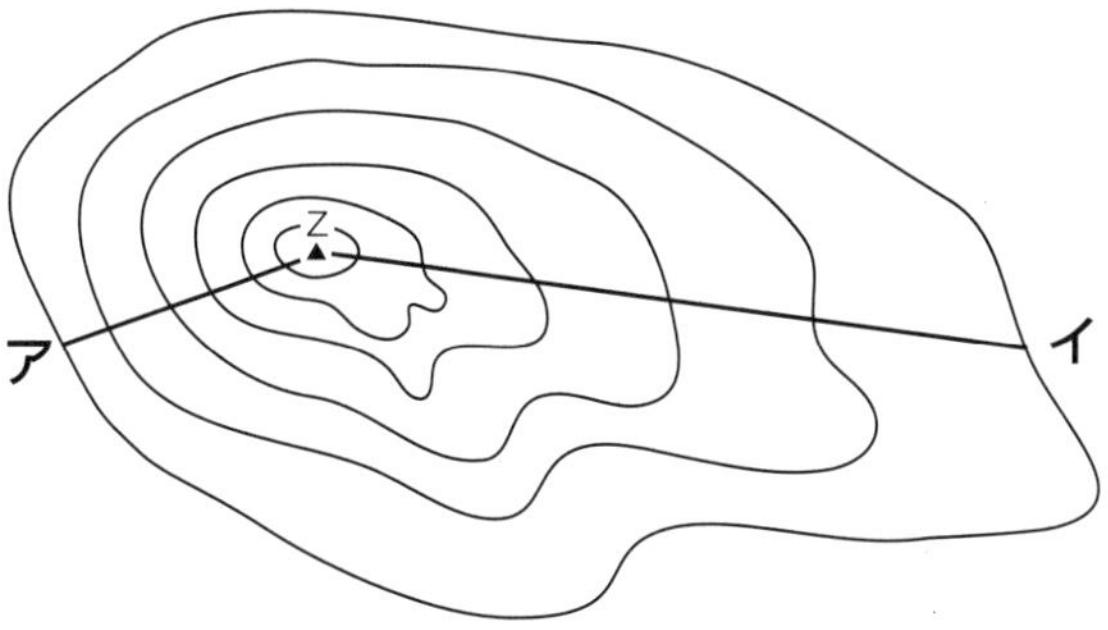

Z
ア
イ

(　　　)

(2) 次の図は，昔の工事に使った道具です。土をほる道具と土や石を運ぶ道具を，次の**ア**～**エ**の中から，それぞれ2つ選《えら》び，記号を書きなさい。(1つ5点)

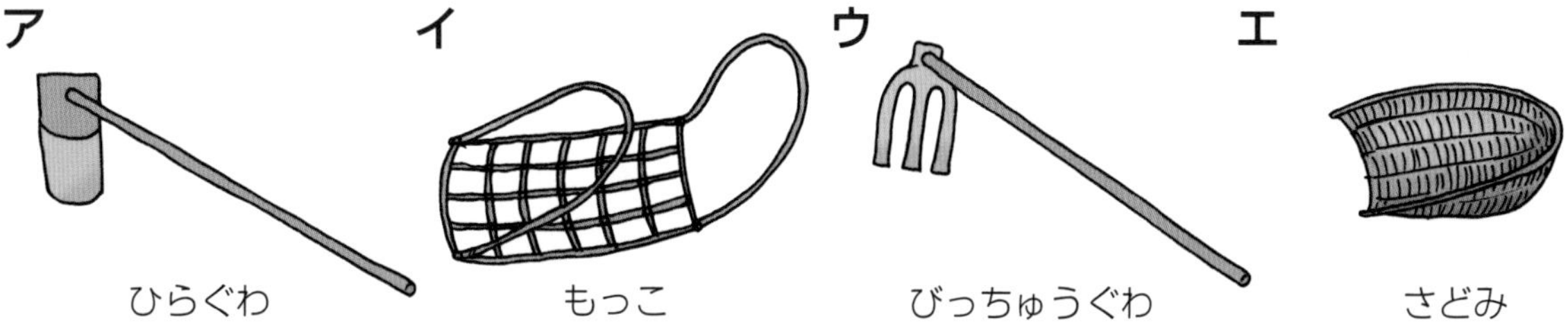

ア
イ
ウ
エ
ひらぐわ
もっこ
びっちゅうぐわ
さどみ

ほる道具 (　　　) (　　　)

運ぶ道具 (　　　) (　　　)

2 次の**ア**～**オ**の文の中から，まちがっているものを2つ選び，記号を書きなさい。(1つ5点)

ア　昔の人は祭りや行事によって，豊作《ほうさく》をいのり，しゅうかくに感謝《かんしゃ》していた。

イ　昔の祭りは生活が豊《ゆた》かになるにつれて，まったく行われなくなった。

ウ　昔の子どもはめんこや竹馬など，手作りできるおもちゃで遊んでいた。

エ　節分《せつぶん》は，女の子の成長《せいちょう》を願《ねが》う昔からの行事である。

オ　昔から伝《つた》わる建物《たてもの》やしせつの中には，国や都道府県《とどうふけん》などの文化財《ぶんかざい》として，ほぞんされているものがある。

(　　　) (　　　)

❷ 次の図を見て，下の問いに答えなさい。(50 点)

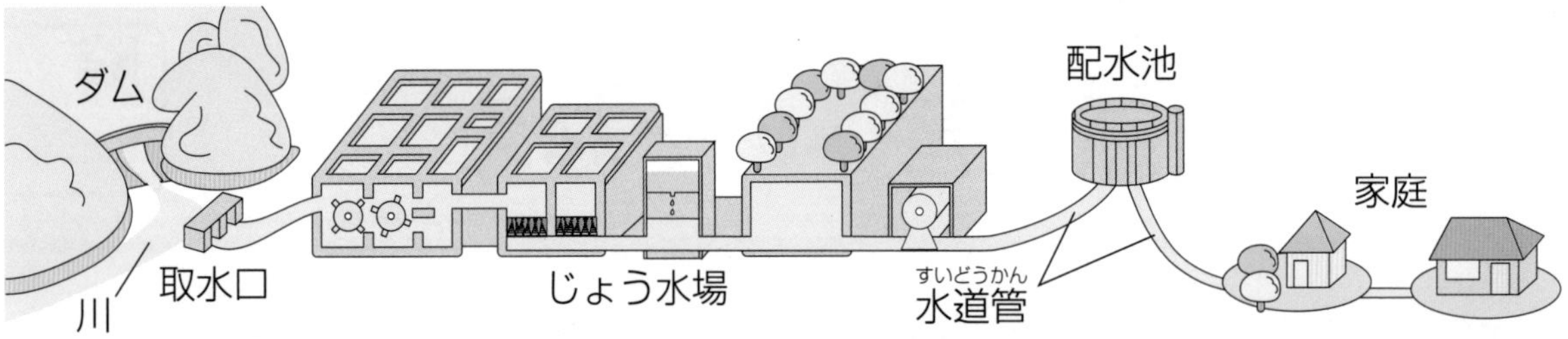

(1) 川の上流にあるダムで，水のいきおいを利用してつくっているものは何ですか。書きなさい。(10 点)

(　　　　　　　　)

(2) 森林のある山がはたす役割《やくわり》を，次の**ア**～**エ**の中から２つ選び，記号を書きなさい。(１つ５点)

ア　家庭や工場から出る水をきれいにして，川や海に流している。

イ　雨水や雪どけ水を地中にたくわえ，ゆっくりと川に流す。

ウ　海から空，空から陸地《りくち》，陸地から海へと水をじゅんかんさせている。

エ　根をはって，土が流れ出すのをふせいでいる。

(　　　　)(　　　　)

(3) 図中のじょう水場とは何をするところですか。かんたんに書きなさい。(15 点)

(　　　　　　　　　　　　　　　　　　　　　　　　)

(4) 右の２つのグラフを見て，次の①～③の文のうち，正しいものには○，まちがっているものには×をそれぞれ書きなさい。(１つ５点)

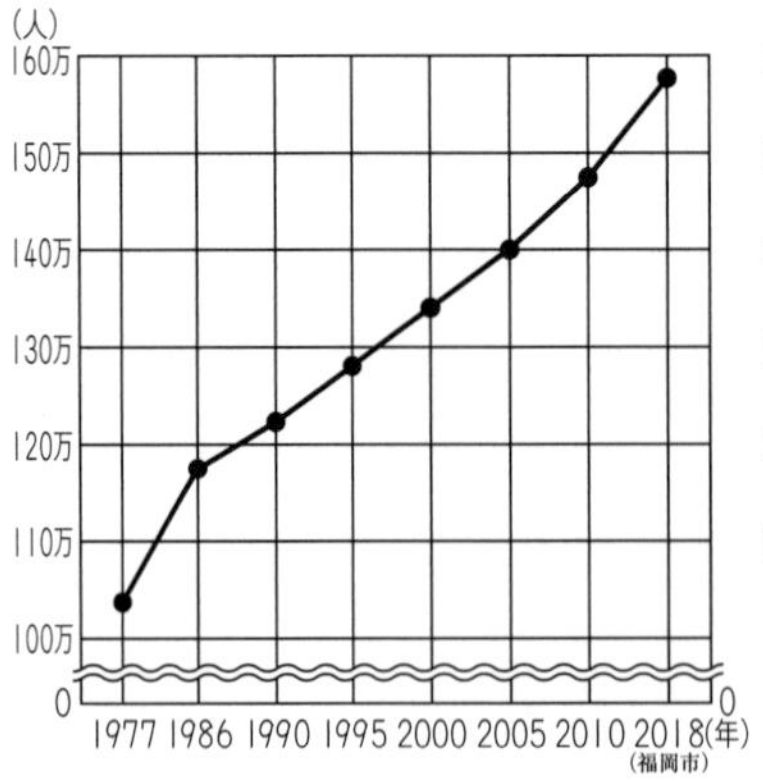

福岡《ふくおか》市の人口の移《うつ》り変《か》わり

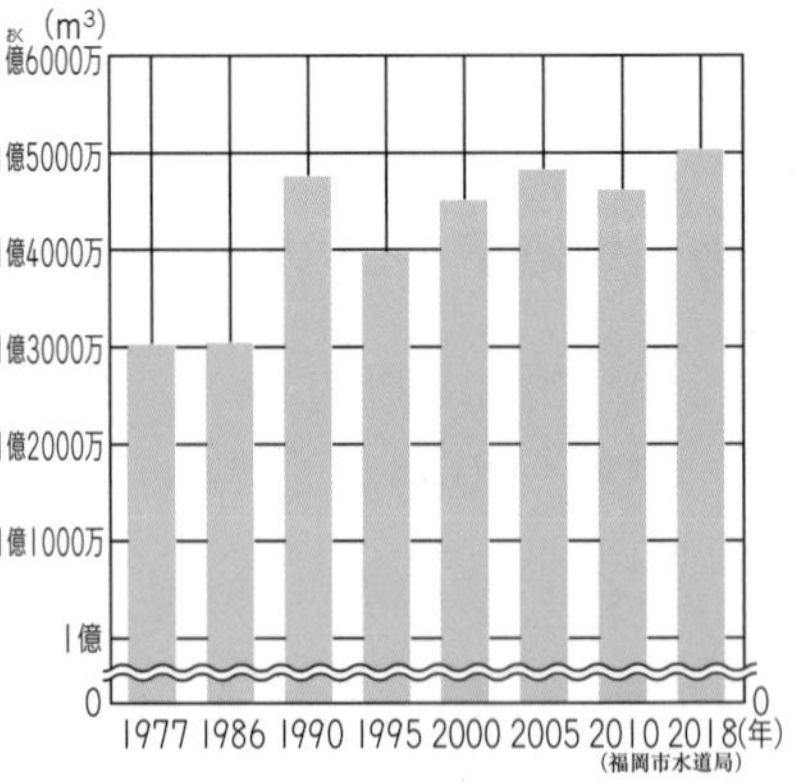

福岡市の水の使用量《しようりょう》の変化《へんか》

(　　　) ①　１年間に使う水の量《りょう》は，2005 年がいちばん多い。

(　　　) ②　人口は，1977 年からへることなくふえ続《つづ》けている。

(　　　) ③　人口がふえると水を使う量もふえている。

答えは『答えと考え方』

学習日　　月　　日

得点《とくてん》　　／100点

第1回 ごみのしまつ／水道のしくみ

社会

1 次の図を見て，下の問いに答えなさい。(50点)

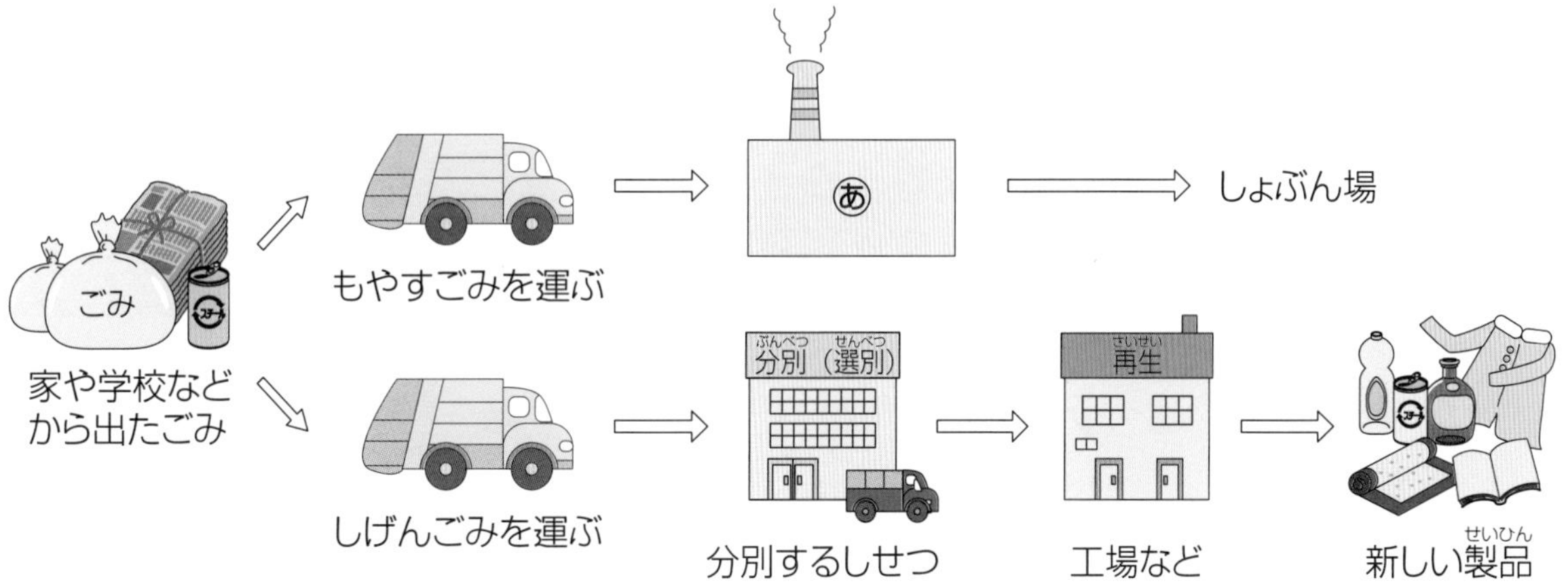

(1) もやすごみが運ばれるⓐは，何といいますか。書きなさい。(10点)

(　　　　　　　　)

(2) しげんごみとしてしゅう集されないものを，次の**ア**～**ク**の中から2つ選《えら》び，記号を書きなさい。(1つ10点)

ア　そ大(大型《おおがた》)ごみ　**イ**　びん　**ウ**　ざっし　**エ**　だんボール

オ　生ごみ　**カ**　かん　**キ**　ペットボトル　**ク**　新聞

(　　　)(　　　)

(3) しげんごみを再利用《さいりよう》して新しい製品《せいひん》をつくることを何といいますか。(10点)

(　　　　　　　　)

(4) ごみをへらす活動にあてはまらないものを，次の**ア**～**オ**の中から1つ選び，記号を書きなさい。(10点)

ア　つめかえ用のシャンプーを買う。

イ　工場で出るはいき物を製品の原料《げんりょう》や材料《ざいりょう》，ねん料にする。

ウ　買い物ぶくろを持って買い物に行く。

エ　工場から出るけむりを，悪いガスを取りのぞく機械《きかい》できれいにする。

オ　生ごみしょり機《き》やコンポストを買った市民《しみん》に補助金《ほじょきん》を出す。

(　　　)

（2）豆電球が最も長い時間光り続《つづ》けるつなぎ方を1つ選び，記号を書きなさい。

（10点）

（　　　）

（3）豆電球が光らないつなぎ方を1つ選び，記号を書きなさい。（10点）

（　　　）

3 月や星について，次の問いに答えなさい。（40点）

（1）右の図のように，満月《まんげつ》が見えています。1時間後に同じ場所で月を見ると，見える形や位置《いち》はどうなりますか。次の**ア**～**ウ**の中から1つ選び，記号を書きなさい（15点）

ア　同じ形のまま，右下に動く。

イ　左側《ひだりがわ》が少し欠《か》けて，右上に動く。

ウ　右側《みぎがわ》が少し欠けるが，位置はかわらない。

（　　　）

（2）右の星《せい》ざ（星の集まり）は冬の南の夜空で見られます。この星ざの名前と，赤色の1等星《とうせい》の名前を書きなさい。（各5点）

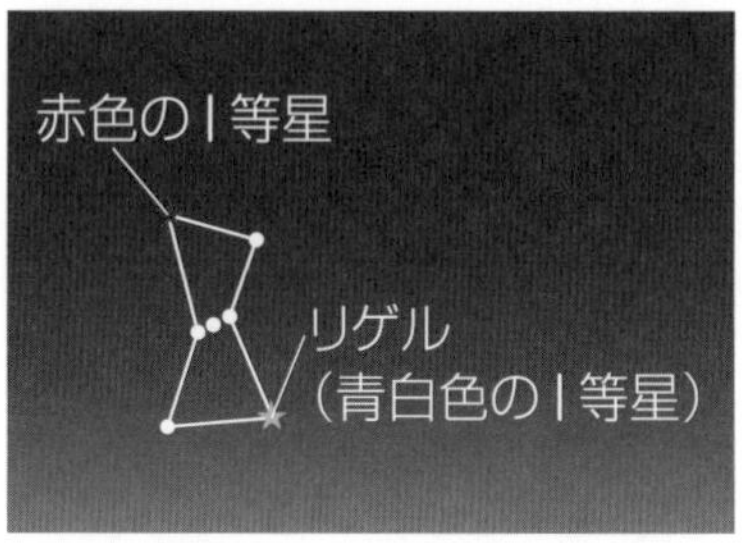

星ざ（　　　　　　　　ざ）

赤色の1等星（　　　　　　　　）

（3）夏の夜空を観察《かんさつ》すると，右の図のようにさそりざが見えました。1時間後に同じ場所でさそりざを見ると，見え方はどうなりますか。次の**ア**～**ウ**の中から1つ選び，記号を書きなさい。

（15点）

ア　見える位置はかわるが，形はかわらない。

イ　アンタレスだけ見える位置がかわる。

ウ　見える位置も形もかわらない。

（　　　）

答えは『答えと考え方』

学習日　　月　　日

得点《とくてん》　　／100点

第3回　水／電気／月と星

1 水のすがたの変化《へんか》について，次の問いに答えなさい。(30点)

(1) 水を冷《ひ》やし続《つづ》けるとやがて氷になります。水が氷になると，体積《たいせき》はどうなりますか。次の**ア**～**ウ**の中から1つ選《えら》び，記号を書きなさい。(15点)

ア　大きくなる。　　**イ**　小さくなる。　　**ウ**　かわらない。

(　　　　)

(2) 次の文章の（ ① ）～（ ③ ）にあてはまる言葉を，[　　]の中からそれぞれ1つずつ選び，書きなさい。(各《かく》5点)

水はすがたをかえながら，自然《しぜん》の中をめぐっています。海や湖の水が（ ① ）して空の高い所で冷やされると，小さな水や氷のつぶになります。このつぶが集まってういているものが（ ② ）です。つぶがくっついて大きくなると，（ ③ ）として，地上へ落ちてきます。

雨や雪　　しも　　水じょう気　　雲　　じょう発　　ふっとう

① (　　　　　　　　)　② (　　　　　　　　)

③ (　　　　　　　　)

2 **ア**～**エ**のようにつないだかん電池に，豆電球1こをつなぎました。次の問いに答えなさい。(30点)

ア　　**イ**　　**ウ**　　**エ**

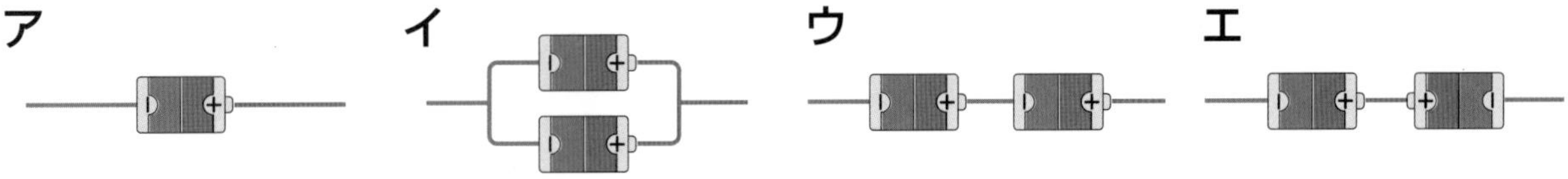

(1) 豆電球が最《もっと》も明るく光るつなぎ方を1つ選び，記号を書きなさい。(10点)

(　　　　)

(2) 電車のレールのつなぎ目には，温度による体積の変化でレールが曲がらないように，すき間がつくられています。次の**ア**・**イ**の図は，夏と冬のどちらかのレールのようすを表しており，白い矢印《やじるし》でしめしたように，レールのつなぎ目にあるすき間の大きさがちがいます。冬のレールはどちらでしょうか。**ア**・**イ**のどちらかを書きなさい。(10点)

ア

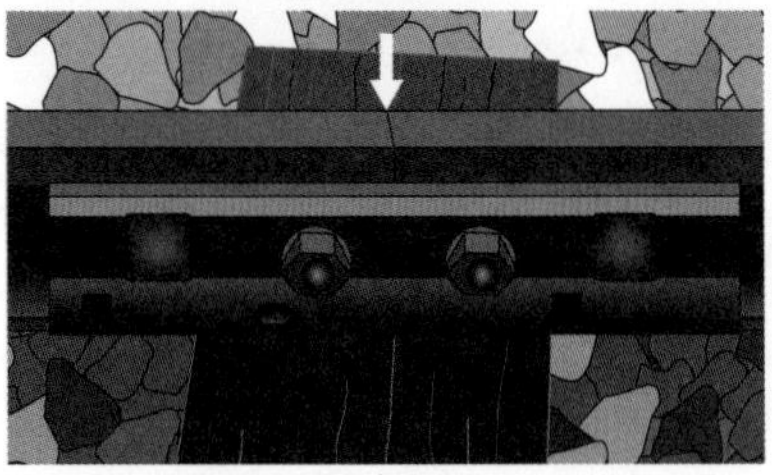

すき間が小さくなっている。

イ

すき間が大きくなっている。

(　　　)

❸ もののあたたまり方について，次の問いに答えなさい。(40点)

(1) 次の①・②の図のように，金ぞくの板を実験用《じっけんよう》ガスコンロで熱《ねつ》しました。最後《さいご》にあたたまる所はどこですか。**ア**～**カ**の中からそれぞれ1つずつ選び，記号を書きなさい。(各10点)

①

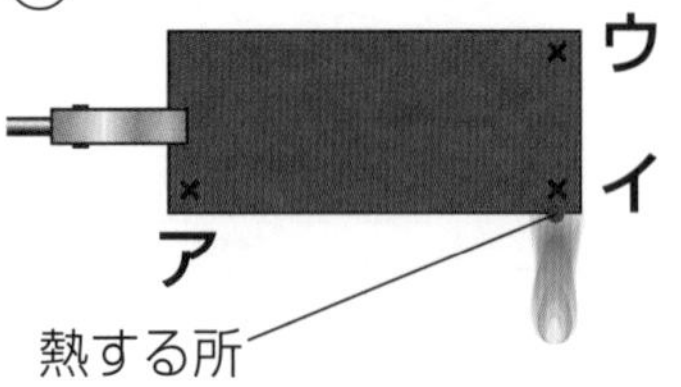

②

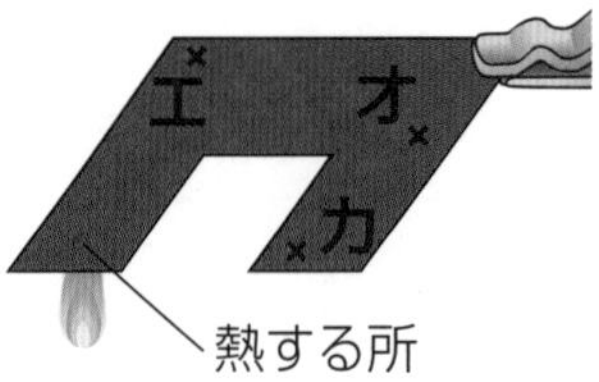

①(　　　)
②(　　　)

(2) 右の**ア**～**ウ**の図のうち，試験管《しけんかん》の中の水全体が最もあたたまりやすいものを1つ選び，記号を書きなさい。(10点)

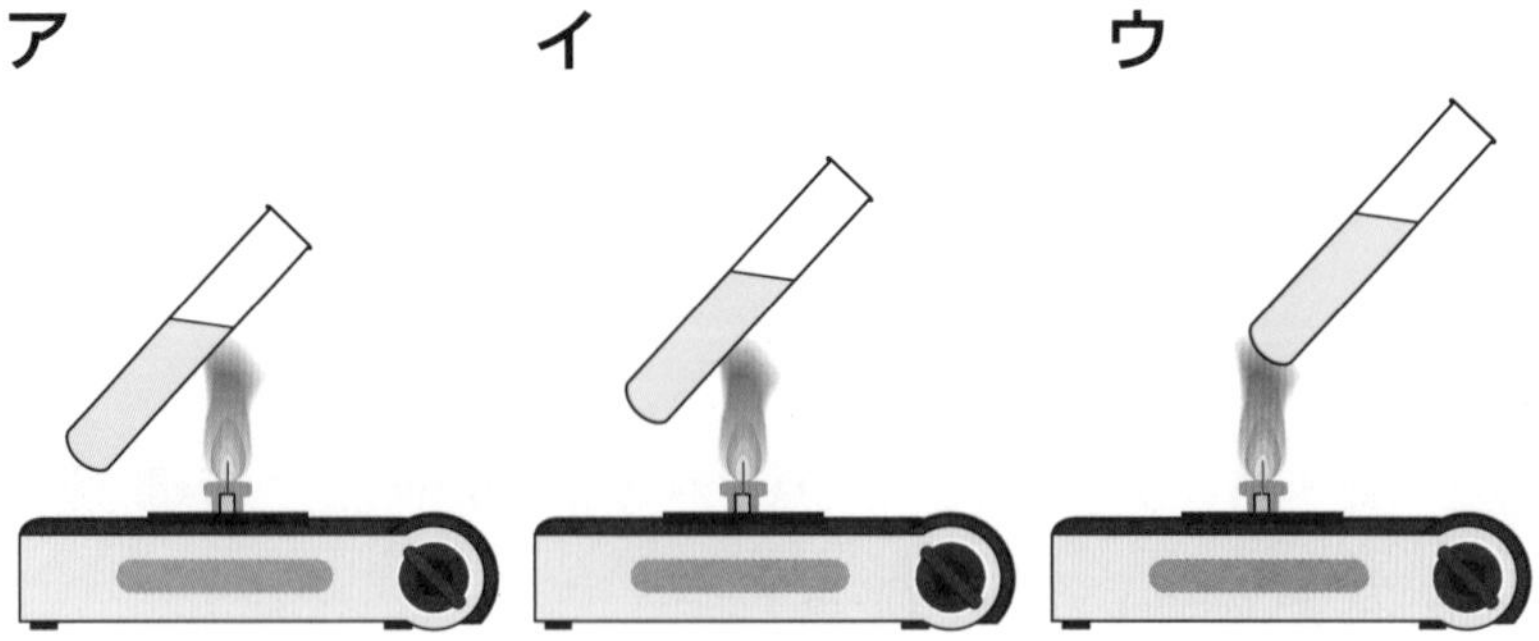

(　　　)

(3) 右の図のような部屋でストーブをつけて，5分後に**ア**・**イ**の場所で空気の温度をはかりました。より温度が高いのはどちらの場所ですか。記号で書きなさい。

(10点)

(　　　)

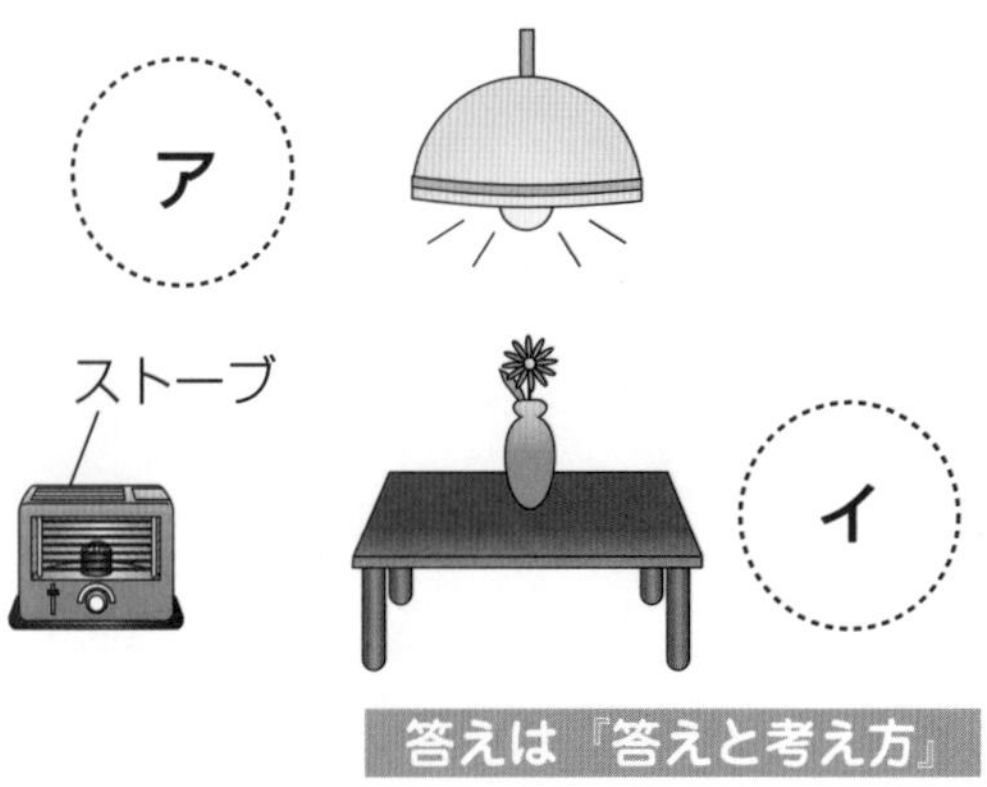

答えは『答えと考え方』

理科

第2回

ものの体積《たいせき》とあたたまり方

学習日　　月　　日

得点《とくてん》

／100点

❶ とじこめた空気と水について，次の問いに答えなさい。(30点)

(1) 右の図のような空気や水をとじこめた注射器《ちゅうしゃき》のピストンを手でおすと，どうなりますか。次の**ア**～**ウ**の中からそれぞれ1つずつ選《えら》び，記号を書きなさい。(各《かく》10点)

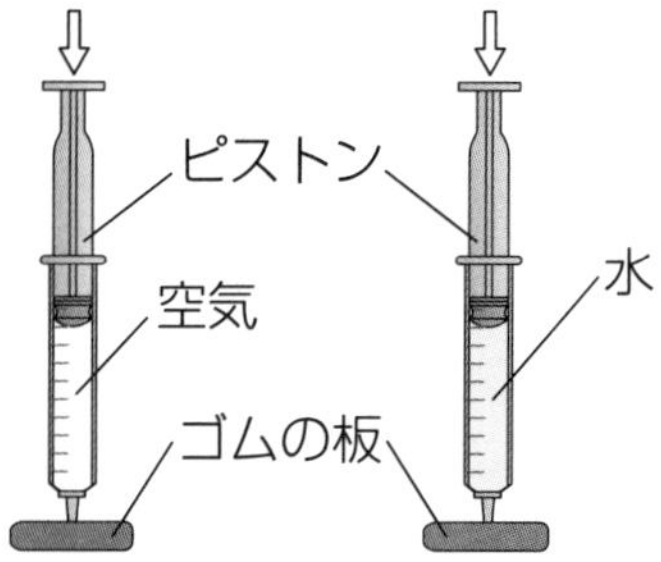

ア　ピストンは，おしても下がらない。

イ　ピストンは，おすと下がり，手をはなすともとにもどる。

ウ　ピストンは，おすと下がり，手をはなしても下がったままである。

空気（　　　）　水（　　　）

(2) 右の図のように，1本の注射器に水と空気を半分ずつとじこめてピストンをおすと，空気と水の体積はそれぞれどうなりますか。次の**ア**～**ウ**の中から1つ選び，記号を書きなさい。(10点)

ア　空気の体積だけが小さくなる。

イ　水の体積だけが小さくなる。

ウ　空気も水も体積はかわらない。

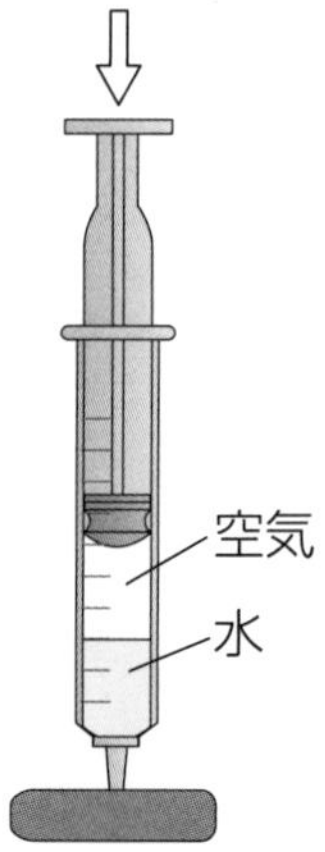

（　　　）

❷ ものの体積と温度の関係《かんけい》について，次の問いに答えなさい。(30点)

(1) 次の文章の（　　）の中から正しい言葉をそれぞれ1つずつ選び，○で囲《かこ》みなさい。(各5点)

> 空気・水・金ぞくの体積は，あたためられると（① **大きく** ・ **小さく** ）なり，冷《ひ》やされると（② **大きく** ・ **小さく** ）なります。空気・水・金ぞくの中で，その変化《へんか》の大きさが最《もっと》も大きいのは（③ **空気** ・ **水** ・ **金ぞく** ）で，最も小さいのは（④ **空気** ・ **水** ・ **金ぞく** ）です。

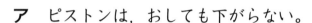

(2) 右の図のように，うでを曲げました。ちぢんでいるきん肉は**ア・イ**のどちらですか。記号を書きなさい。(5点)

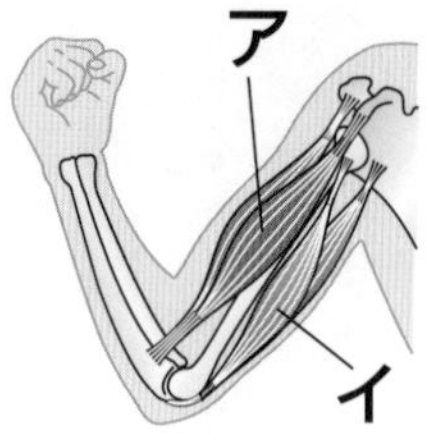

（　　　）

(3) いろいろな動物のからだのつくりについて書かれた次の**ア〜ウ**の文のうち，正しいものには「○」を，まちがっているものには「×」を書きなさい。(各5点)

ア　魚はせぼねをくねらせて泳ぐ。

イ　ウサギはうしろあしのきん肉が発達《はったつ》している。

ウ　ヘビにはほねがない。

ア（　　　）　イ（　　　）　ウ（　　　）

3 気温と天気について，次の問いに答えなさい。(35点)

(1) 次の文のようなじょうけんではかった空気の温度を，気温といいます。下線部**ア〜ウ**について，正しいときは「○」を，まちがっているときは正しい言葉をそれぞれ書きなさい。(各5点)

地面からの高さがア<u>1.2m〜1.5m</u>で，風通しがイ<u>よく</u>，日光が直接《ちょくせつ》ウ<u>当たる</u>所ではかる。

ア（　　　）　イ（　　　）
ウ（　　　）

(2) 右の図は，正しいじょうけんで気温をはかるための箱です。この箱の名前を書きなさい。(10点)

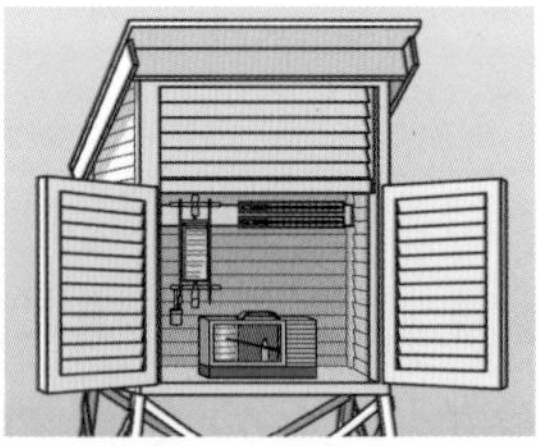

（　　　）

(3) 右のグラフは，晴れの日と雨の日の1日の気温の変化《へんか》を表しています。晴れの日のグラフは**ア・イ**のどちらですか。記号を書きなさい。(10点)

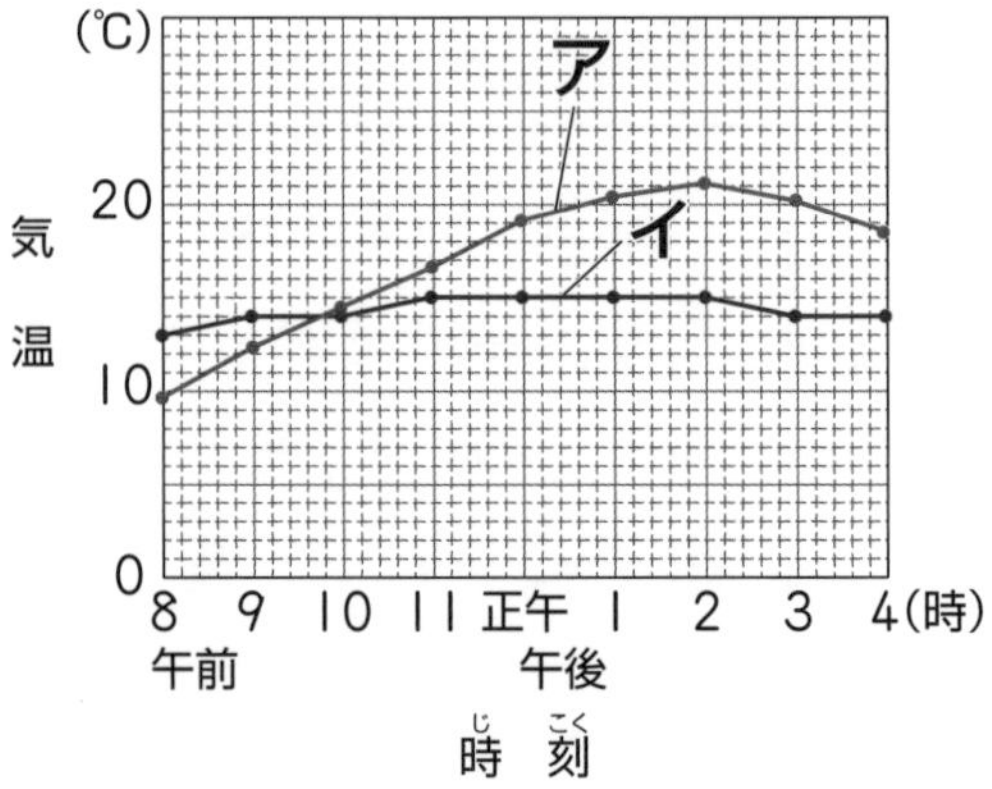

（　　　）

答えは『答えと考え方』

学習日　月　日

得点《とくてん》

／100点

第1回　生き物のようす／人のからだ／天気

理科

1 生き物のいろいろな季節《きせつ》のようすについて，次の問いに答えなさい。(40点)

(1) 次の**ア**～**エ**のサクラのようすを観察《かんさつ》できる順番《じゅんばん》にならべかえ，記号を書きなさい。ただし，最初《さいしょ》を**ア**とします。(10点)

ア

花がさく。

イ

葉がすべて落ちる。

ウ

葉がしげり，
実ができる。

エ

葉の色が赤茶色になる。
芽《め》ができているのが
わかる。

ア→（　　）→（　　）→（　　）

(2) 秋になると南の国へ飛《と》び立《た》っていく鳥を，次の**ア**～**ウ**の中から１つ選《えら》び，記号を書きなさい。(10点)

ア　ヒヨドリ　　**イ**　スズメ　　**ウ**　ツバメ

（　　）

(3) 生き物の冬のようすについて書かれた次の**ア**～**エ**の文のうち，正しいものには「○」を，まちがっているものには「×」を書きなさい。(各《かく》5点)

ア　ヒキガエルは，冬の間は土の中などで，じっと動かずにすごす。

イ　タンポポは，冬になると根も葉もすべてかれる。

ウ　オオカマキリは，よう虫《ちゅう》のすがたで冬をこす。

エ　ヘチマの実は，冬の間は緑色で水分を多くふくんでいる。

ア（　　）　**イ**（　　）

ウ（　　）　**エ**（　　）

2 人のほねやきん肉について，次の問いに答えなさい。(25点)

(1) ひじやひざなど，よく動く部分のほねとほねのつなぎ目のことを何といいますか。書きなさい。(5点)

（　　）

❸ 右の図の立方体について，次の問いに答えなさい。(各5点)

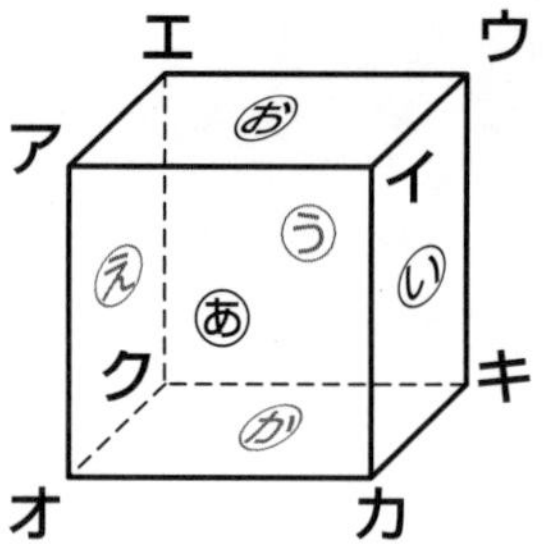

(1) 面㋐に垂直《すいちょく》な面をすべて答えなさい。

(　　　　　　　　)

(2) 辺**イウ**に平行な辺をすべて答えなさい。

(　　　　　　　　)

(3) 辺**オク**に垂直な面をすべて答えなさい。

(　　　　　　　　)

❹ 右の図のような展開図があります。この展開図を組み立ててできる形について，次の問いに答えなさい。(各10点)

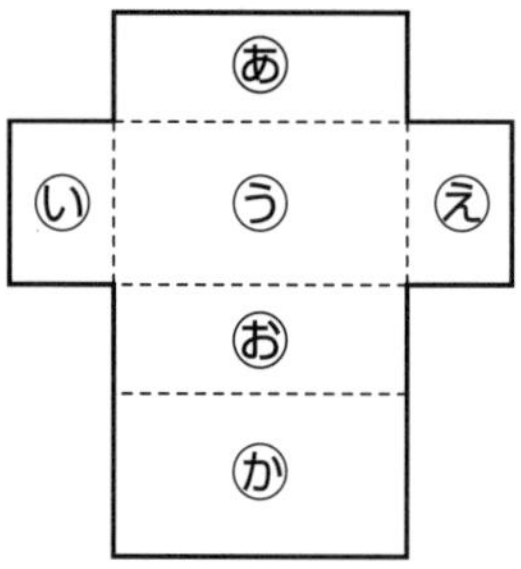

(1) 面㋐に平行な面を答えなさい。

(　　　　　　　　)

(2) 面㋑に垂直な面をすべて答えなさい。

(　　　　　　　　)

❺ 右の図を見て，次の［　　］にあてはまる数を書き入れなさい。(［　　］1つ5点)

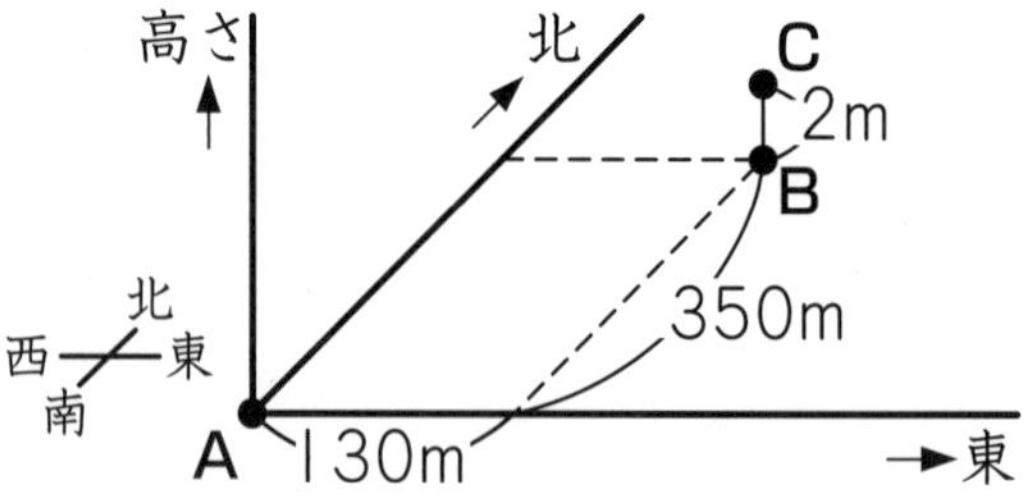

(1) 点**B**の位置に大きな雪だるまがあります。点**A**をもとにすると，雪だるまの頭のてっぺんの点**C**の位置《いち》は，

(東 ①［　　　　］m，北 ②［　　　　］m，高さ ③［　　　　］m)

(2) 雪だるまのぼうしの中に，たからの地図がかくされていました。地図には，点**B**から東へ150m，南へ200m行くとまつの木があり，高さ5mの位置にたからものがかくしてあると書いてあります。点**A**をもとにすると，たからものの位置は，

(東 ①［　　　　］m，北 ②［　　　　］m，高さ ③［　　　　］m)

答えは『答えと考え方』

第12回

立体

わからなかったら動画を見てね！

学習日　月　日

得点《とくてん》　／100点

❶ 右の図は，長方形の面だけで囲《かこ》まれた形です。次の問いに答えなさい。(各《かく》5点)

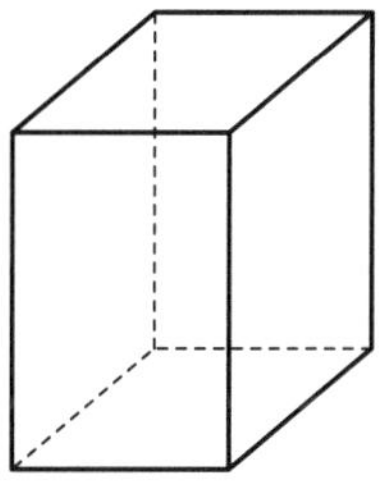

(1) 何という形か答えなさい。

(　　　　　　)

(2) 面の数を答えなさい。

(　　　　　　)

(3) 辺《へん》の数を答えなさい。

(　　　　　　)

(4) 頂点《ちょうてん》の数を答えなさい。

(　　　　　　)

❷ 下の図から，立方体の展開図《てんかいず》になっているものをすべて選《えら》び，㋐～㋔の記号で答えなさい。(15点)

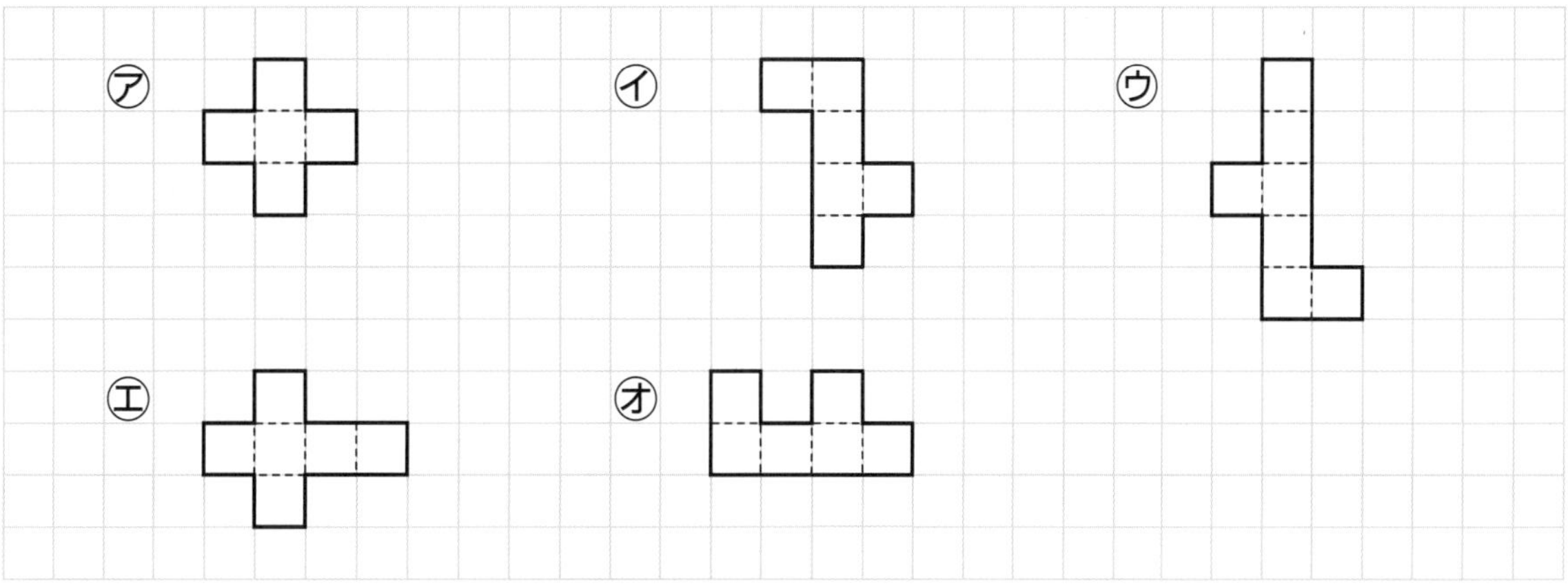

(　　　　　　)

立方体の面の数はいくつかな。

❸ こうたさんの身長は150cm，弟の身長は125cmです。こうたさんの身長は弟の身長の何倍ですか。（式・答え各10点）

[式]

答え（　　　　　　）

❹ 78.2kgの米をふくろに15kgずつ入れていきます。このとき，米を入れたふくろは何ふくろできて，米は何kgあまりますか。（式・答え各10点）

[式]

答え（　　　　）ふくろできて（　　　　）kgあまる

❺ りえさんの家から学校までは1.2kmあります。行きも帰りも歩いて通うと，月曜日から金曜日までで何km歩くことになりますか。（式・答え各10点）

[式]

答え（　　　　　　）

答えは『答えと考え方』

第11回

小数のかけ算・わり算

わからなかったら動画を見てね！

学習日　月　日

得点《とくてん》　／100点

算数

❶ 次の計算をしなさい。(各《かく》5点)

(1)
$$\begin{array}{r} 4.3 \\ \times \quad 3 \\ \hline \end{array}$$

(2)
$$\begin{array}{r} 8.37 \\ \times \quad 6 \\ \hline \end{array}$$

(3)
$$\begin{array}{r} 9.43 \\ \times \quad 20 \\ \hline \end{array}$$

(4)
$$\begin{array}{r} 2.05 \\ \times \; 512 \\ \hline \end{array}$$

❷ 次の計算をしなさい。(4)は商を一の位《くらい》まで求《もと》め，あまりも出しなさい。(各5点)

(1)
$$6\overline{)50.4}$$

(2)
$$37\overline{)88.8}$$

(3)
$$72\overline{)57.6}$$

(4)
$$23\overline{)95.1}$$

❸ 右の表は，ある駅の11月と12月の利用者数《りようしゃすう》を表していています。次の問いに答えなさい。

	利用者数
11月	10240人
12月	16972人

(1) 11月と12月の利用者数を，それぞれ四捨五入して千の位までのがい数にしなさい。(各5点)

11月：(　　　　　　　)，12月：(　　　　　　　)

(2) 11月と12月の利用者数の合計は，約《やく》何万何千人ですか。(1)の答えを使って求《もと》めなさい。(式10点・答え5点)

[式]

答え (　　　　　　　)

(3) 12月の利用者数は，11月の利用者数より，約何千人多いですか。(1)の答えを使って求めなさい。(式10点・答え5点)

[式]

答え (　　　　　　　)

❹ ゆう子さんの子ども会の39人が花見に行きます。1人分の弁当《べんとう》のねだんは390円です。このとき，次の問いに答えなさい。

(1) 花見に参加《さんか》した人数と1人分の弁当のねだんをそれぞれ上から1けたのがい数にして，弁当の代金の合計を見積《みつ》もりなさい。(式10点・答え5点)

[見積もりの式]

答え (　　　　　　　)

(2) 正確《せいかく》な弁当の代金の合計を求めなさい。(5点)

答え (　　　　　　　)

答えは『答えと考え方』

第10回

およその数

わからなかったら動画を見てね！

学習日　月　日

得点《とくてん》　／100点

❶ 次の数を四捨五入《ししゃごにゅう》して，（　　）の中の位《くらい》までのがい数にしなさい。（各《かく》5点）

（1）3223　（百）

（　　　　）

（2）48235　（一万）

（　　　　）

（3）7115　（上から2けた）

（　　　　）

（4）499500　（上から2けた）

（　　　　）

❷ 次の問いに答えなさい。

（1）四捨五入して十の位までのがい数にしたとき，250になる整数をすべて書きなさい。（10点）

（　　　　）

（2）まいさんの住んでいる海山市の人口を，四捨五入して千の位までのがい数にすると，250000人になるそうです。市の人口は，いちばん多くて何人，いちばん少なくて何人と考えられますか。（各5点）

いちばん多くて（　　　　）人

いちばん少なくて（　　　　）人

算数

❸ たての長さが6cm の長方形があります。次の問いに答えなさい。(各 10 点)

(1) 横の長さが 1cm, 2cm, 3cm, …とふえるにつれて長方形の面積《めんせき》はどのように変わりますか。下の表にまとめなさい。

横の長さ (cm)	1	2	3	4	5	6
面積 (cm^2)						

(2) 横の長さを□ cm, 面積を○ cm^2 として, □と○の関係を式に表しなさい。

(　　　　　　　　)

❹ 1 本 50 円のきゅうりと 1 本 80 円のにんじんを合わせて 8 本買います。次の問いに答えなさい。(各 10 点)

(1) きゅうりを□本, にんじんを○本買うとして, □と○の関係を式に表しなさい。

(　　　　　　　　)

(2) 合計の代金が 550 円になるようにするには, それぞれ何本買えばよいですか。

きゅうり：(　　　　　　), にんじん：(　　　　　　)

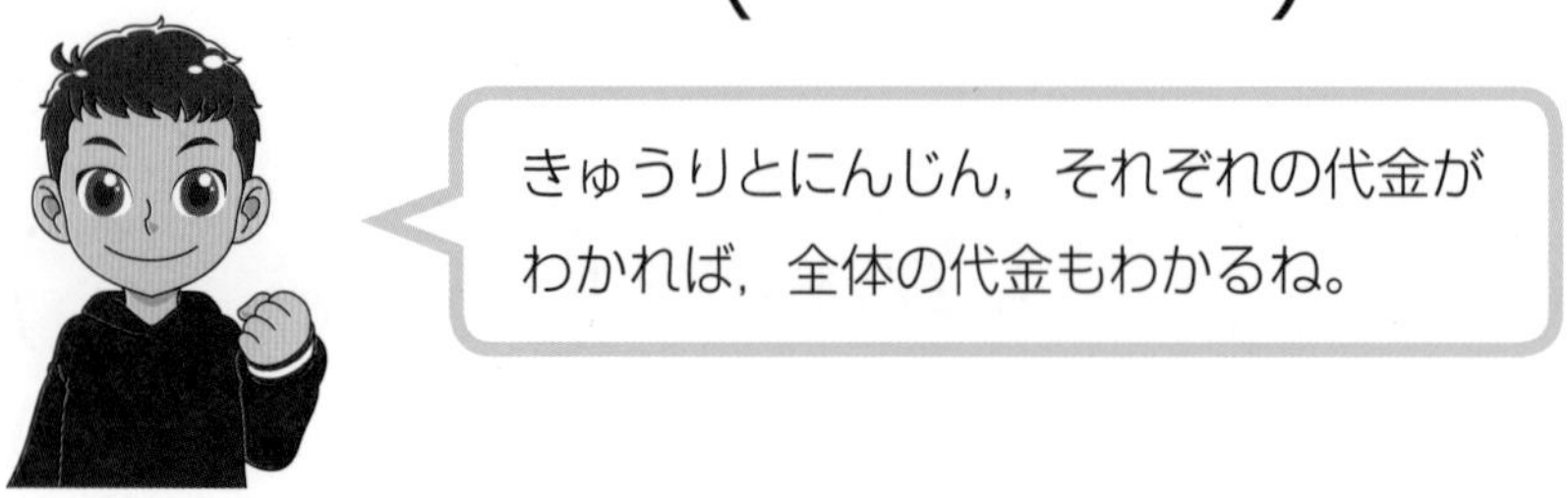

きゅうりとにんじん, それぞれの代金がわかれば, 全体の代金もわかるね。

答えは『答えと考え方』

第9回

変《か》わり方

学習日　　月　　日

得点《とくてん》

／100点

わからなかったら動画を見てね！

1 あめとガムを合わせて12こ買います。このとき，次の問いに答えなさい。

（各《かく》10点）

(1) 下の表のあいているところに，あてはまる数を書き入れなさい。

あめの数（こ）	1	2	3	4	5	6
ガムの数（こ）	11					

(2) あめの数を□こ，ガムの数を△こととして，□と△の関係《かんけい》を式に表します。□にあてはまる数や記号を書き入れなさい。

①□ − ②□ ＝△

(3) あめの数が9このとき，ガムの数は何こですか。　（　　　　）

2 マッチぼうをならべて，右の図のように正方形をつくります。次の問いに答えなさい。（各10点）

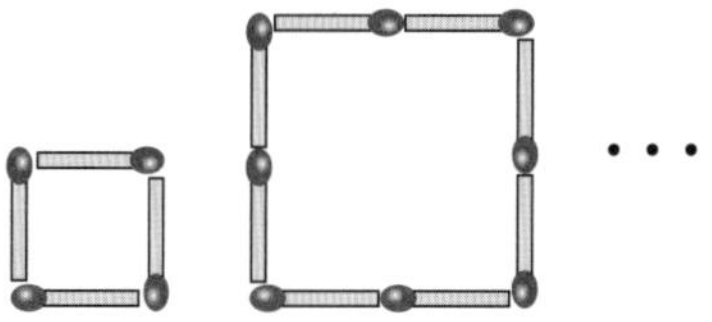

(1) 1辺《へん》にならべたマッチぼうの数が，1，2，3，…とふえるにつれて，全体のマッチぼうの数はどのように変わりますか。下の表にまとめなさい。

1辺のマッチぼうの数（本）	1	2	3	4
全体のマッチぼうの数（本）				

(2) 1辺のマッチぼうの数を□本，全体のマッチぼうの数を○本として，□と○の関係を式に表します。□にあてはまる数や記号を書き入れなさい。

□×①□ ＝②□

(3) 1辺のマッチぼうの数が7本のとき，全体のマッチぼうの数は何本ですか。

（　　　　）

算数

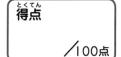

4 次の計算をしなさい。（各５点）

(1) $\frac{15}{4}+\frac{2}{4}$

(2) $\frac{9}{7}+\frac{11}{7}$

(3) $1\frac{2}{5}+2\frac{1}{5}$

(4) $\frac{19}{6}-\frac{14}{6}$

(5) $\frac{11}{9}-\frac{6}{9}$

(6) $\frac{11}{3}-\frac{5}{3}$

(7) $2\frac{3}{8}-1\frac{6}{8}$

(8) $3-1\frac{3}{5}+2\frac{4}{5}$

5 畑からにんじんを3kg取ってきました。そのうち，$1\frac{3}{7}$ kgはうさぎにあげ，$\frac{5}{7}$ kgはサラダにして食べました。残《のこ》りのにんじんの重さは何kgですか。

（式10点・答え５点）

［式］

答え（　　　　　　）

答えは『答えと考え方』

分数

学習日　月　日

わからなかったら動画を見てね！

得点《とくてん》　／100点

❶ 仮《か》分数は帯《たい》分数か整数に，帯分数は仮分数に直しなさい。（各《かく》5点）

(1) $\frac{9}{4}$ （　　　　）　(2) $\frac{28}{7}$ （　　　　）

(3) $1\frac{2}{5}$ （　　　　）　(4) $4\frac{1}{3}$ （　　　　）

❷ 次の（　　）の中の数を小さい方から順《じゅん》に書きなさい。（各5点）

(1) $\left(1\frac{5}{8},\ \frac{7}{8},\ \frac{11}{8}\right)$

（　　→　　→　　）

(2) $\left(\frac{2}{3},\ \frac{2}{5},\ \frac{2}{7}\right)$

（　　→　　→　　）

(3) $\left(\frac{9}{14},\ \frac{9}{13},\ \frac{10}{13}\right)$

（　　→　　→　　）

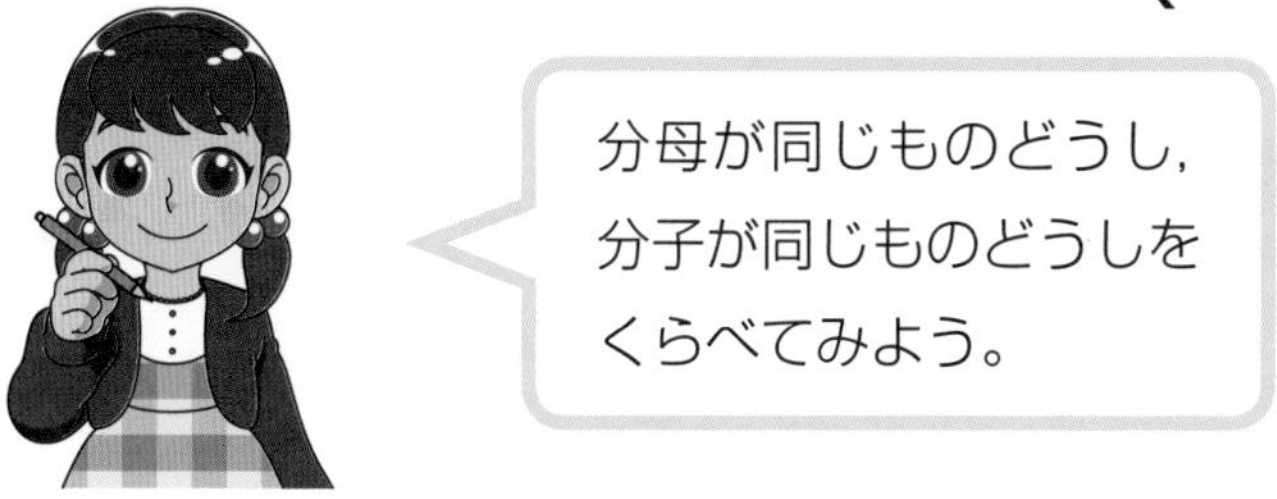
分母が同じものどうし，
分子が同じものどうしを
くらべてみよう。

❸ 右の数直線を見て，次の問いに答えなさい。（各5点）

(1) $\frac{3}{4}$ と同じ大きさの分数をすべて答えなさい。

（　　　　）

(2) $\frac{2}{5}$ を小数で表しなさい。

（　　　　）

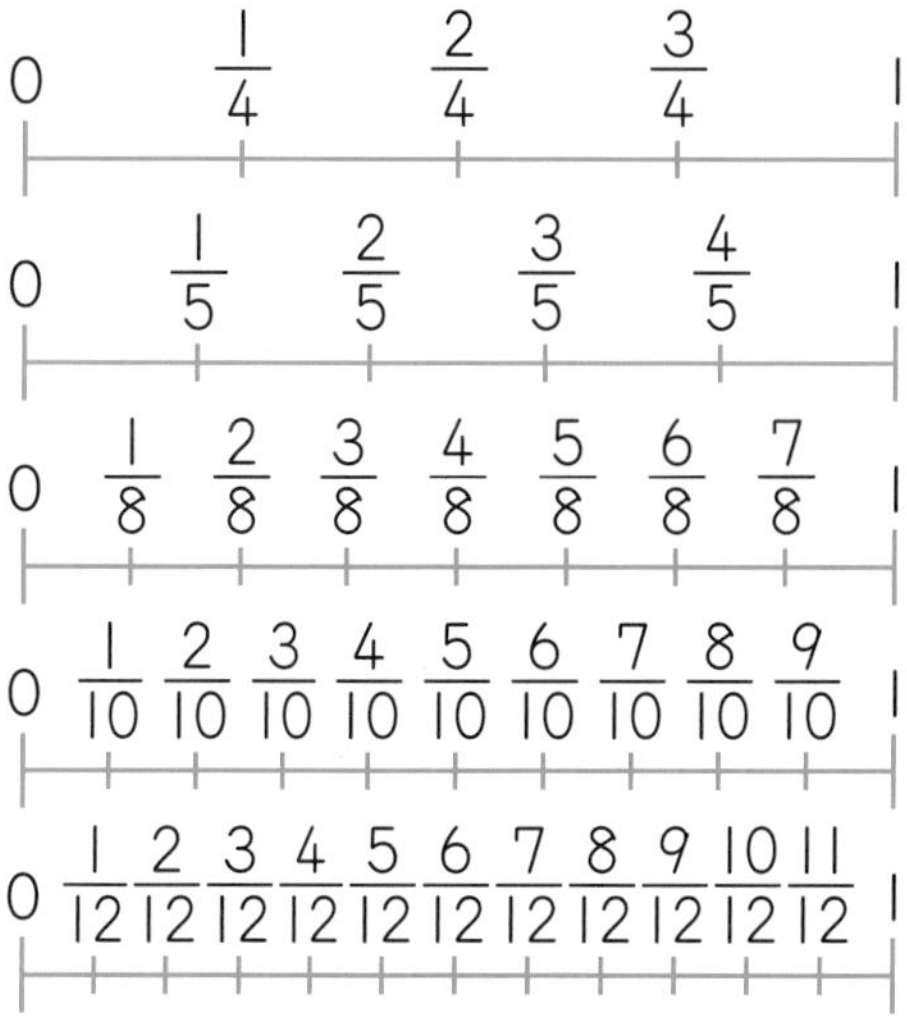
0 1/4 2/4 3/4 1
0 1/5 2/5 3/5 4/5 1
0 1/8 2/8 3/8 4/8 5/8 6/8 7/8 1
0 1/10 2/10 3/10 4/10 5/10 6/10 7/10 8/10 9/10 1
0 1/12 2/12 3/12 4/12 5/12 6/12 7/12 8/12 9/12 10/12 11/12 1

3 次の面積を求め，(　　)の中の単位《たんい》で表しなさい。(各５点)

(1) たて 25m，横 12m の長方形のプール (m^2)

(　　　　　　)

(2) 1 辺《へん》が 4km の正方形の公園 (km^2)

(　　　　　　)

(3) たて 50m，横 80m の長方形の田んぼ (a)

(　　　　　　)

1a = 100m²,
1ha = 100a
だったね。

(4) たて 300m，横 500m の長方形の畑 (ha)

(　　　　　　)

4 たて 24m，横 36m の長方形の土地があります。この土地を，右の図のように２つの長方形に区切って，お店の面積が 456m^2 になるようにします。次の問いに答えなさい。(式各 10 点・答え各５点)

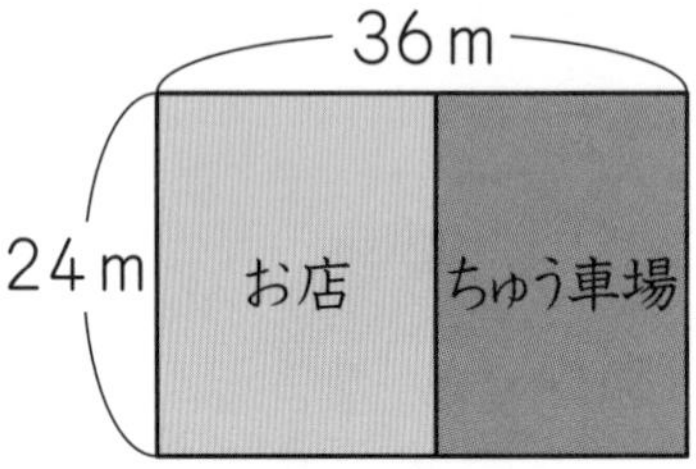
36m
24m
お店
ちゅう車場

(1) お店の横の長さは何 m ですか。

[式]

答え (　　　　　　)

(2) ちゅう車場の面積は何 m^2 ですか。

[式]

答え (　　　　　　)

答えは『答えと考え方』

面積《めんせき》

学習日　　月　　日

得点《とくてん》　　／100点

わからなかったら動画を見てね！

❶ 下の図形の面積はそれぞれ何 cm^2 ですか。(各《かく》5点)

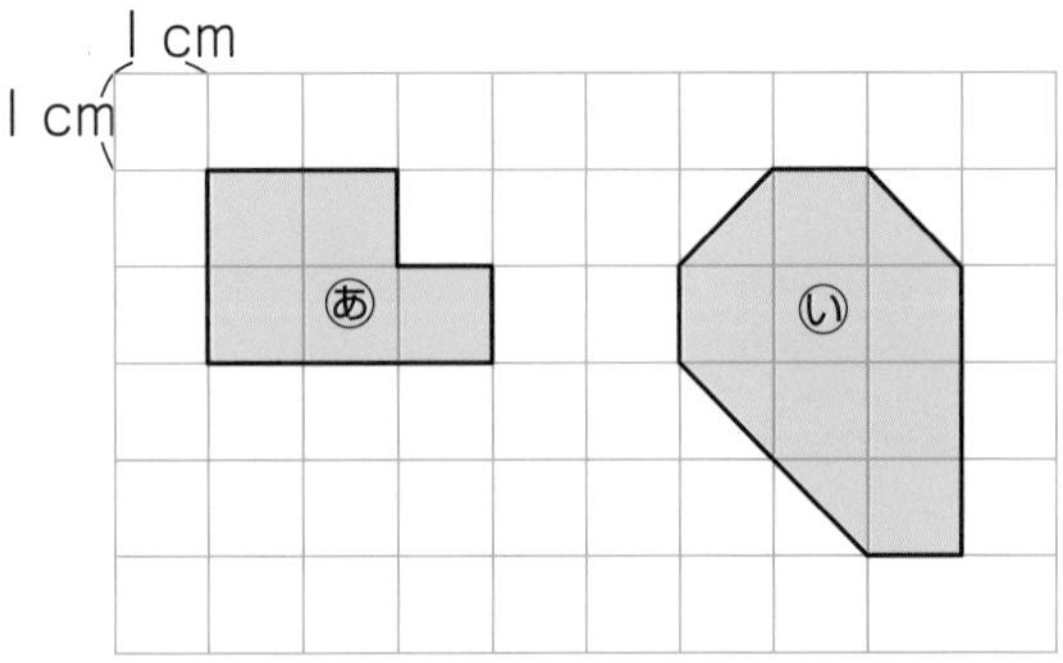

あ（　　　　　　）

い（　　　　　　）

❷ 次の図形の面積を求《もと》めなさい。(式・答え各5点)

(1)

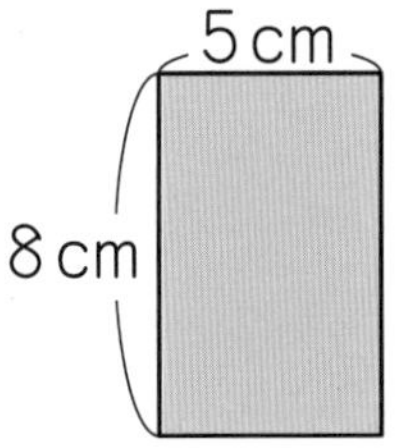

[式]

答え（　　　　　　）

(2)

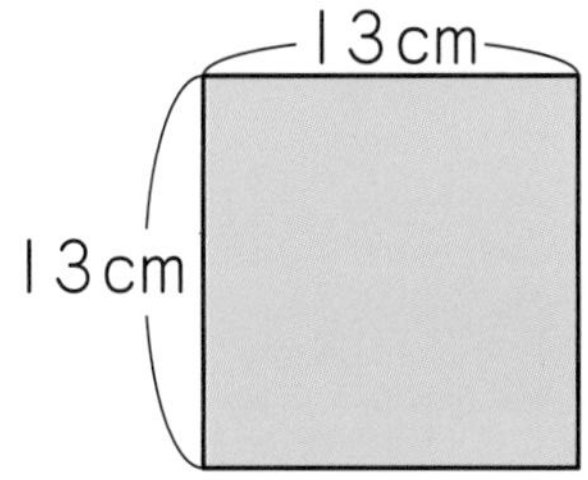

[式]

答え（　　　　　　）

(3)

[式]

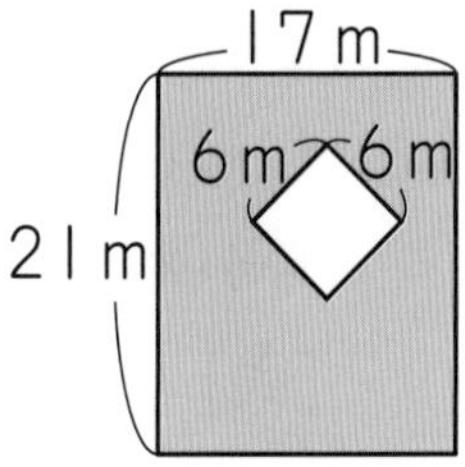

答え（　　　　　　）

(4)

[式]

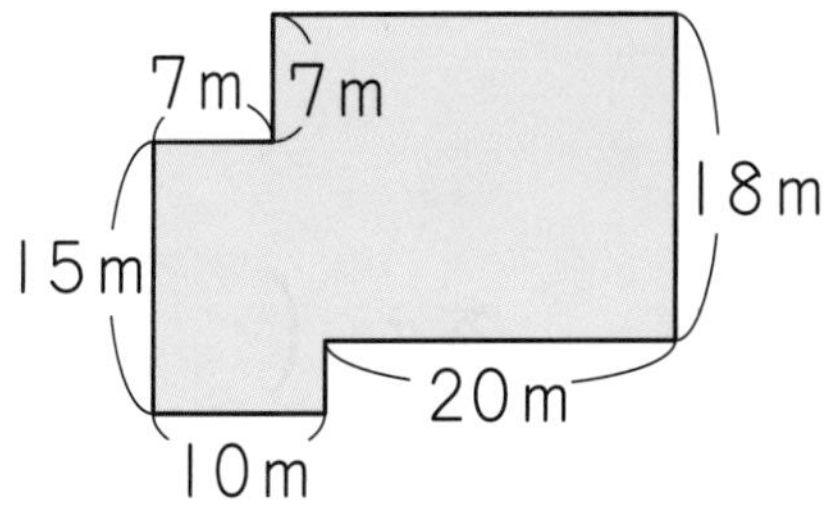

答え（　　　　　　）

❹ 次のような数を書きなさい。(各５点)

(1) 1を４こと，0.1を５こ，0.01を８こ合わせた数

( )

(2) 1を７こと，0.01を２こ合わせた数

( )

(3) 0.01を80こ集めた数

( )

❺ 次の計算を筆算でしなさい。(各５点)

(1) 4.35 + 2.63

(2) 9.4 + 0.637

(3) 24 − 0.59

(4) 4.583 − 2.393

❻ 3.5mのひもがあります。このひもでにもつをしばるために，まさしさんは93cmを切って使い，みゆきさんは1.32mを切って使いました。残ったひもはすべてしんじさんが使いました。みゆきさんとしんじさんの使ったひもの長さは，どちらがどれだけ長いですか。(式10点・答え５点)

[式]

答え ( ) さんのほうが ( ) mだけ長い。

答えは『答えと考え方』

第6回 小数

学習日　月　日

得点《とくてん》　／100点

わからなかったら動画を見てね！

❶ 下の数直線で，次の㋐，㋑にあたる数を書きなさい。また，6.03，6.087 にあたる点を，↑で示しなさい。（各《かく》5 点）

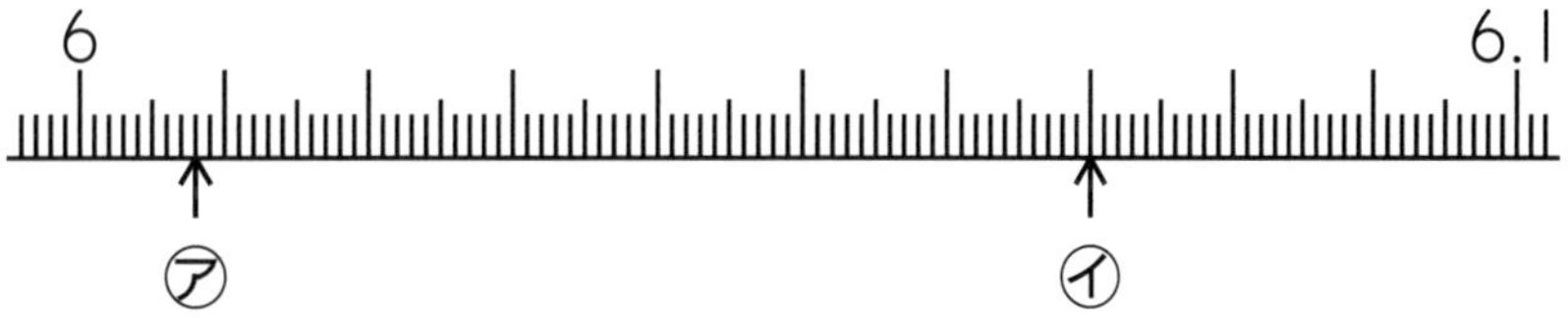

（　　　　）（　　　　）

❷ 次の数の大きさをくらべ，小さい順《じゅん》に書きなさい。（各 10 点）

（1）3.1，3.11，3.01

（　　→　　→　　）

（2）0.89，0.99，$\frac{9}{10}$

（　　→　　→　　）

❸ 次の量《りょう》を［　］の中の単位《たんい》で表しなさい。（各 5 点）

（1）428cm　[m]

（　　　　）

（2）3776m　[km]

（　　　　）

❷ 下の表は，池の水温を調べたものです。これを折れ線グラフに表しなさい。

(20 点)

池の水温

時こく(時)	水温(度)
午前 9	1
10	2
11	5
12	7
午後 1	8
2	13
3	11
4	7

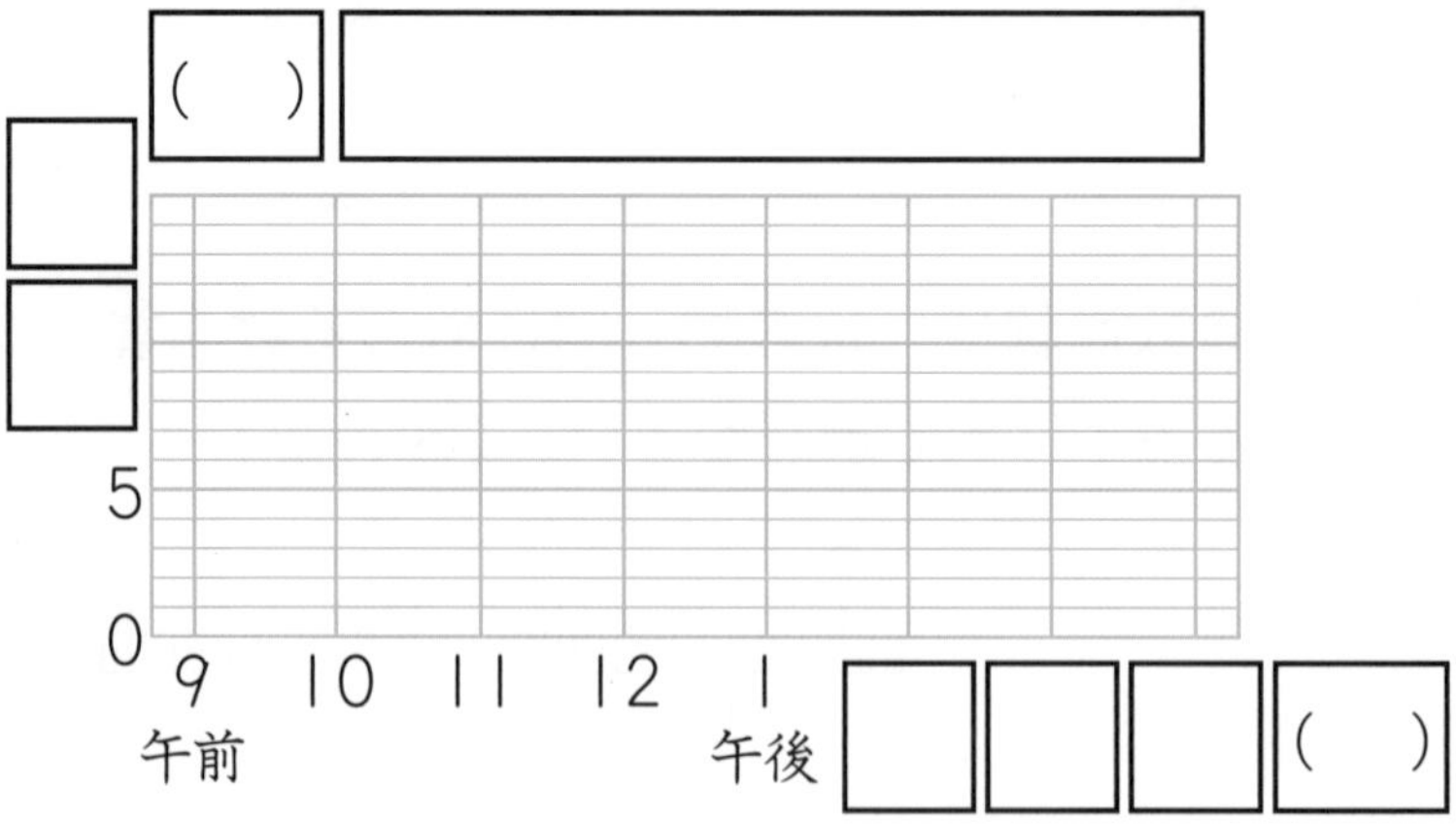

❸ 下の表は，ただしさんの組で，ある物語と伝記《でんき》について，読んだことがあるかどうかを調べたものです。(各 5 点)

読書調べ

番号	1	2	3	4	5	6	7	8	9	10	11	12	13	14	15	16	17	18	19	20	21	22	23	24	25	26	27	28
物語	○	○	×	○	○	×	○	×	○	○	×	○	○	○	○	×	×	○	○	×	○	×	○	○	×	○	○	○
伝記	○	×	×	×	○	○	×	×	○	×	○	×	○	×	○	×	○	○	×	×	○	○	○	○	○	×	○	○

○…読んだ　×…読んでいない

(1) 上の表を見て，右下の表の(あ)～(え)に人数を書きなさい。

読書調べ　(人)

		伝記	
		読んだ	読んでいない
物語	読んだ	(あ)	(い)
	読んでいない	(う)	(え)

(2) 伝記を読んだことがある人は何人ですか。

(　　　　)

(3) 物語だけ読んだことがある人は何人ですか。

(　　　　)

算数

答えは『答えと考え方』

第5回

折《お》れ線グラフ・表

わからなかったら動画を見てね！

学習日　　月　　日

得点《とくてん》　　／100点

1 下のグラフは，ある年のなすとねぎの1kgあたりのねだんのうつり変《か》わりを表しています。これについて，次の問いに答えなさい。

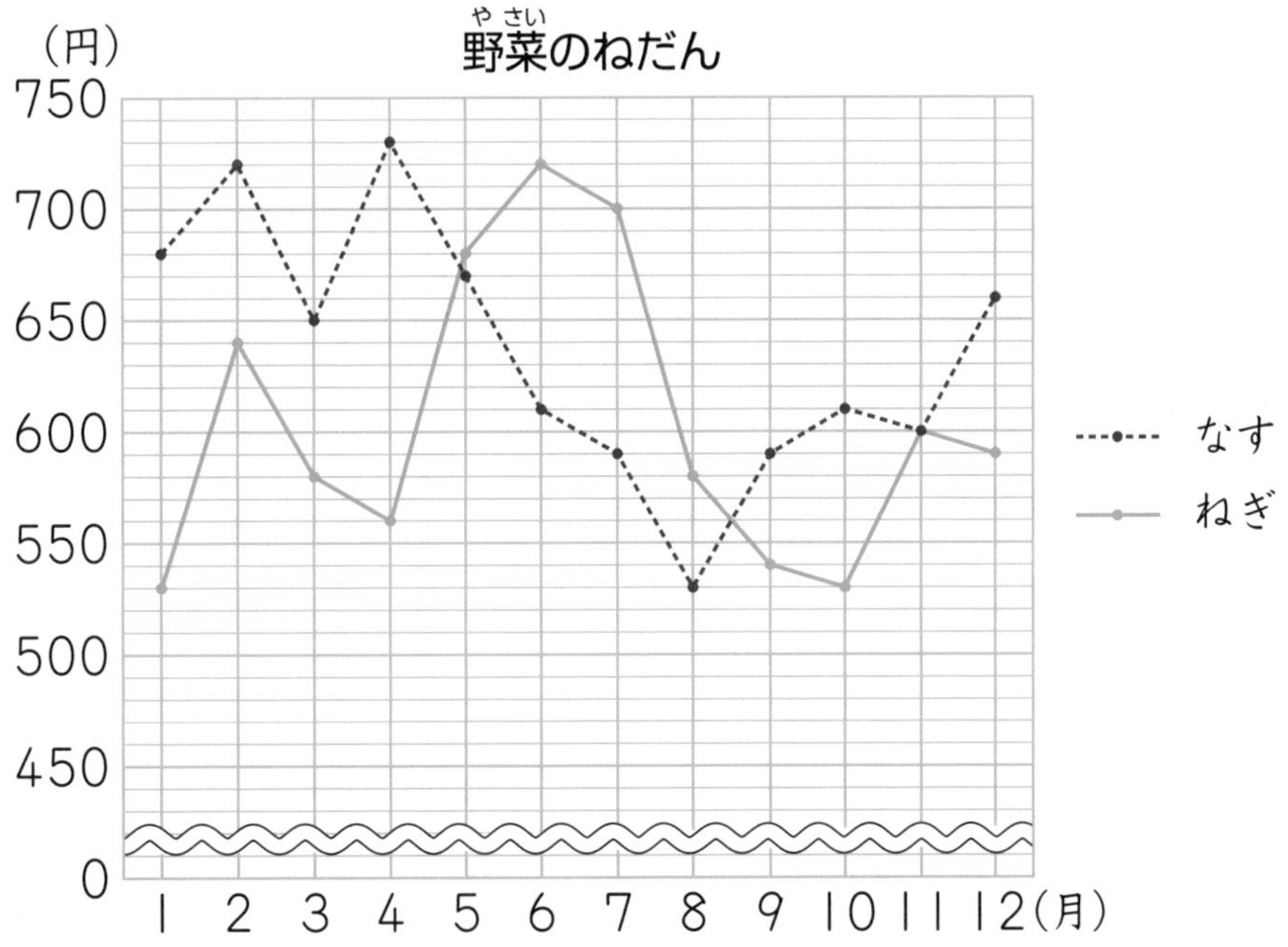

(1) なすとねぎのねだんがいちばん高いのはそれぞれ何月ですか。(各《かく》5点)

なす：(　　　　)月，ねぎ：(　　　　)月

(2) なすとねぎのねだんの下がり方がいちばん大きいのは，何月から何月までの間ですか。(なす・ねぎ各10点)

なす：(　　　　)月から(　　　　)月

ねぎ：(　　　　)月から(　　　　)月

(3) なすのねだんとねぎのねだんのちがいが，いちばん大きいのは何月ですか。また，そのときのねだんのちがいはいくらですか。(各5点)

いちばん大きいのは(　　　　)月で，ちがいは(　　　　)円

(4) なすのねだんとねぎのねだんが同じ月は，何月ですか。(10点)

(　　　　)月

算数

❸ じょうぎ，分度器《ぶんどき》，コンパスを使って，1辺の長さが5cmで，角Aが30°のひし形をかきなさい。(10点)

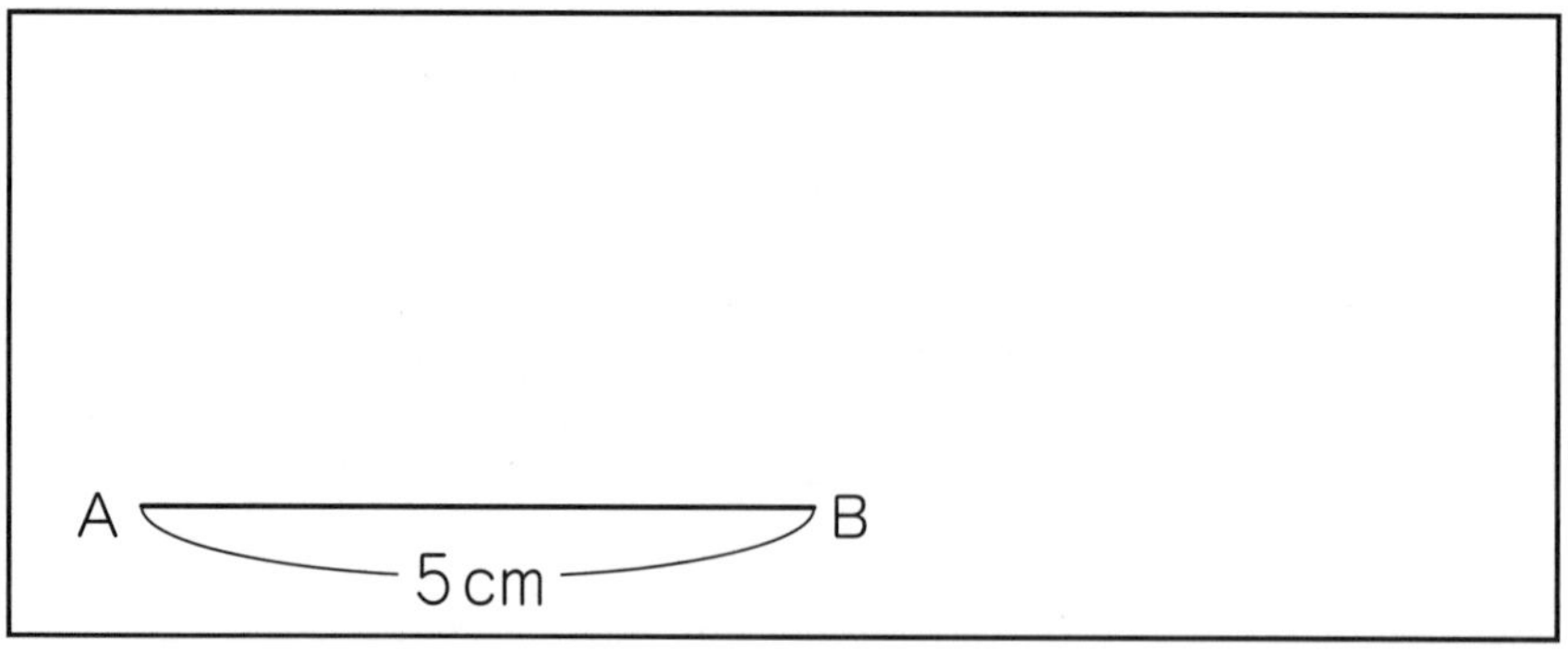
A
B
5cm

❹ 次の(1)，(2)の図は，それぞれ四角形の2本の対角線が交わっているようすです。それぞれの四角形の名前を答えなさい。(各5点)

(1)

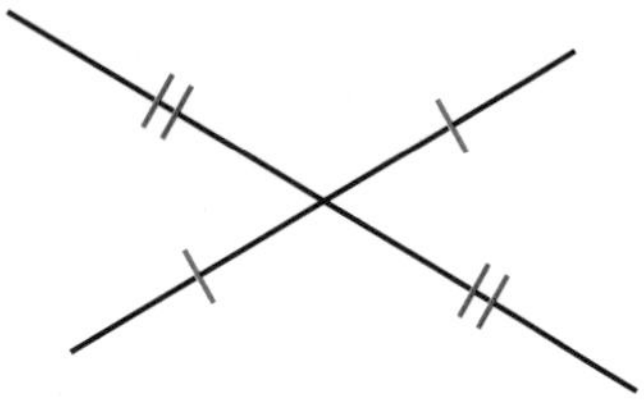

(　　　　　　)

(2)

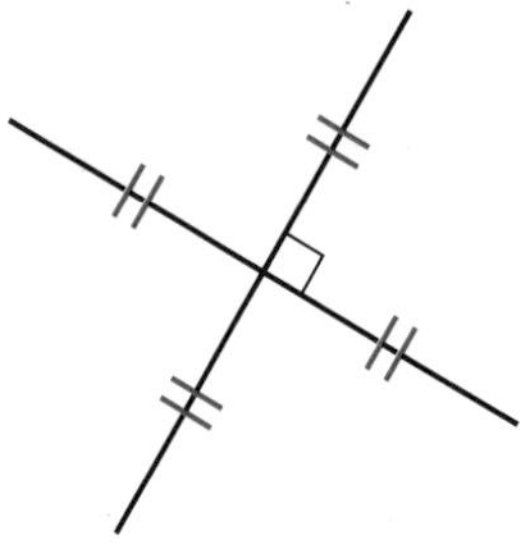

(　　　　　　)

❺ 右下の図で，四角形ABCDは長方形です。次の問いに答えなさい。(各10点)

(1) 四角形ABFEは何という四角形ですか。

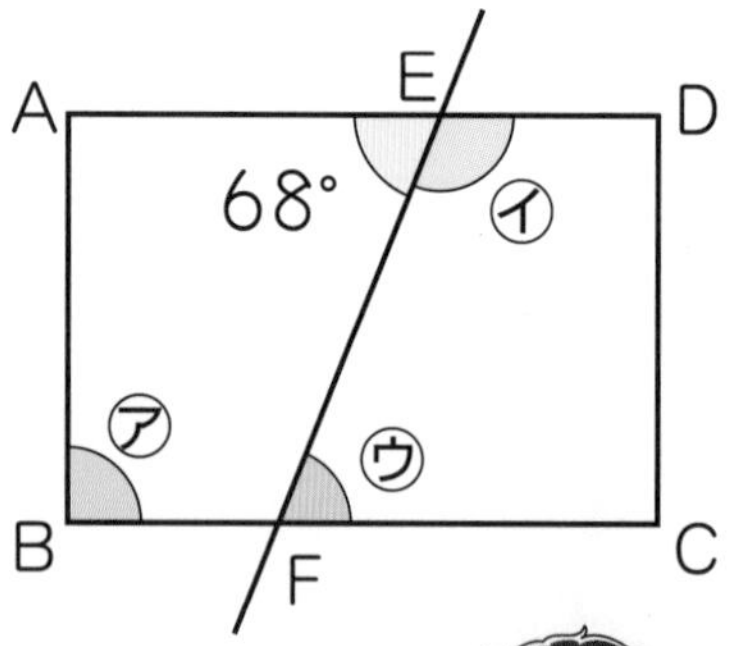
A
E
D
68°
㋑
㋐
㋒
B
F
C

(　　　　　　)

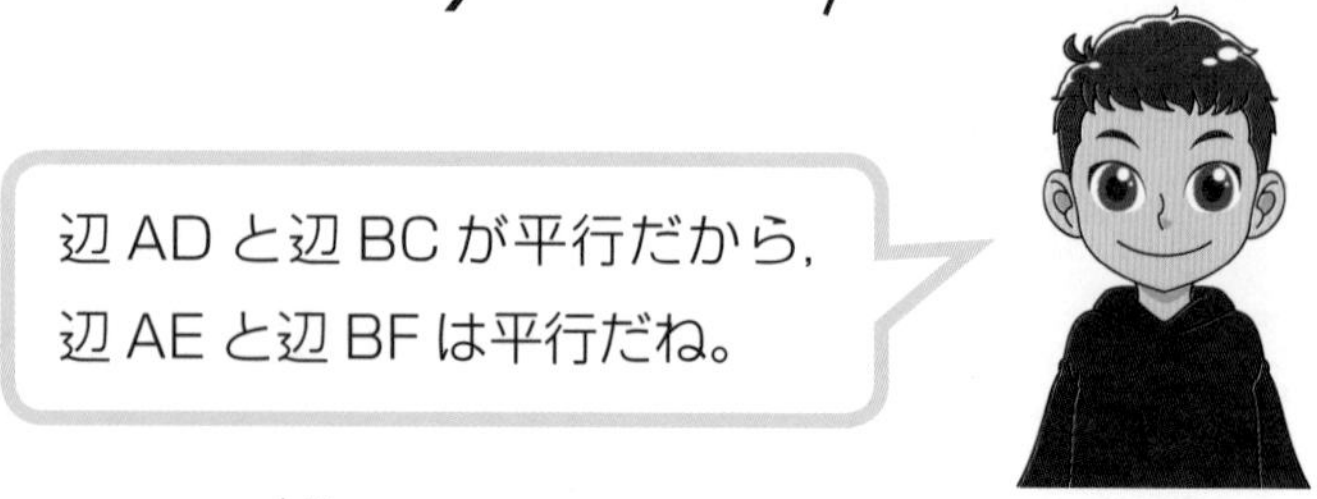
辺ADと辺BCが平行だから，
辺AEと辺BFは平行だね。

(2) ㋐，㋑，㋒の角度を，分度器を使わないで求《もと》めなさい。

㋐(　　　　　　)，㋑(　　　　　　)，㋒(　　　　　　)

答えは『答えと考え方』

第4回 垂直《すいちょく》・平行と四角形

わからなかったら動画を見てね！

学習日　　月　　日

得点《とくてん》　　／100点

❶ 次の（1）～（3）のような四角形の名前を，下の㋐～㋔からすべて選《えら》び，記号を書きなさい。（各《かく》５点）

㋐　正方形　　㋑　長方形　　㋒　平行四辺形《へいこうしへんけい》
㋓　台形　　㋔　ひし形

（1）４つの角がすべて直角である四角形　（　　　　　）

（2）２組の向かい合う角の大きさがそれぞれ等しい四角形　（　　　　　）

（3）向かい合う１組の辺だけが平行な四角形　（　　　　　）

❷ 下の図を見て，次の問いに答えなさい。（各５点）

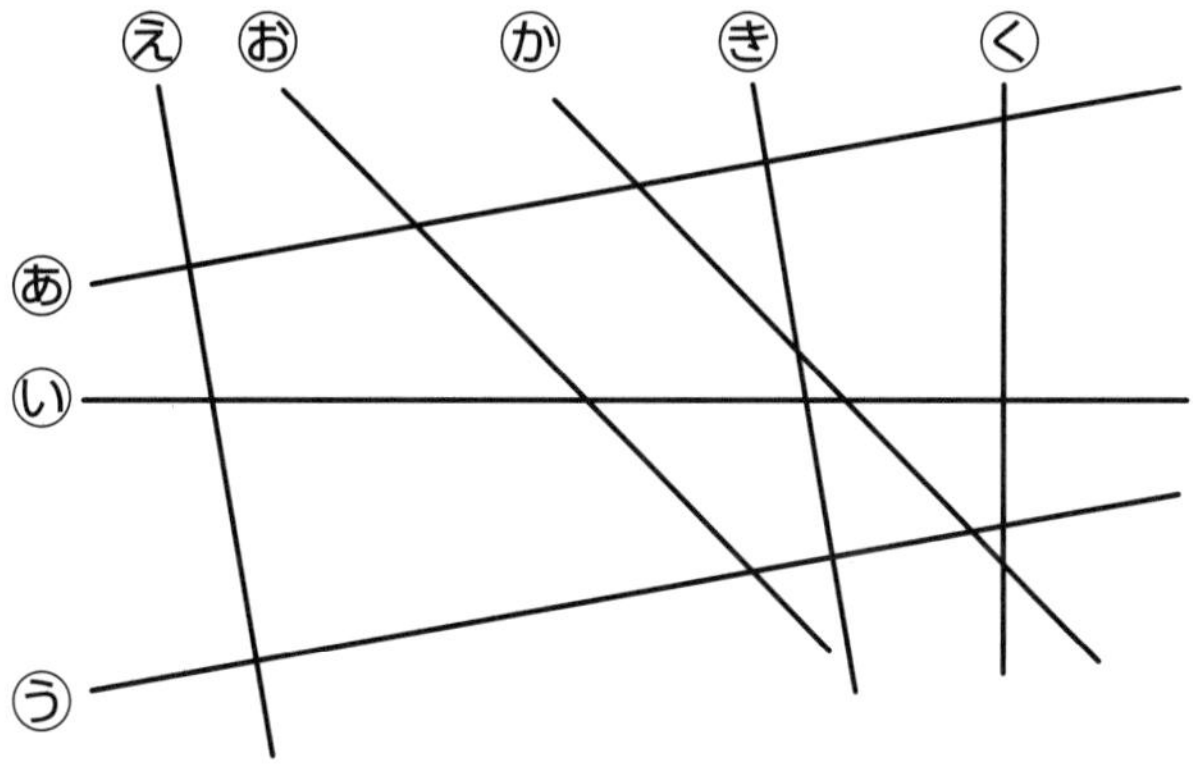

（1）直線ⓐに垂直な直線をすべて選び，記号を書きなさい。（　　　　　）

（2）直線ⓘに垂直な直線を選び，記号を書きなさい。　（　　　　　）

（3）平行な直線の組を３つ書きなさい。

（　　と　　），（　　と　　），（　　と　　）

算数

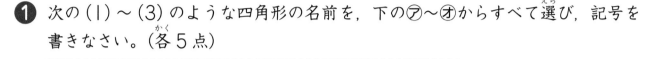

❹ 630 ÷ 70 と商が同じ式になるように，□にあてはまる数を書き入れなさい。

（各 10 点）

（1）□ ÷ 7　　　　（2）□ ÷ 10

❺ 427 このみかんを，29 人でできるだけたくさん，同じ数ずつ分けます。1 人分は何こになって，何こあまりますか。（式 10 点・答え 5 点）

[式]

答え　1 人分は（　　　）こになって，（　　　）こあまる。

❻ ある数を 47 でわるところをまちがえて 74 でわったので，商が 28 であまりは 3 になりました。次の問いに答えなさい。（各 10 点）

（1）ある数を求《もと》めなさい。

（　　　）

（2）正しい答えを求めなさい。

商：（　　　），あまり：（　　　）

答えは『答えと考え方』

第3回

わり算の筆算

学習日　月　日

得点《とくてん》　／100点

わからなかったら動画を見てね！

1 次のわり算をしなさい。(各《かく》5点)

(1) 40 ÷ 2　　(2) 630 ÷ 3　　(3) 7200 ÷ 9

2 次のわり算をしなさい。また，答えのたしかめもしなさい。(答え・たしかめ各5点)

(1)

41)789

(2)

3)5342

答えのたしかめ

(　　　　　　　　)

答えのたしかめ

(　　　　　　　　)

3 次の筆算には，まちがいがあります。正しい筆算を書きなさい。(10点)

```
      57
  17)987
     85
     137
     119
      18
```

正しい筆算

算数

❹ 次の図のように，１組の三角じょうぎを組み合わせて，角をつくりました。㋐の角の大きさを分度器を使わないで求《もと》めなさい。(15点)

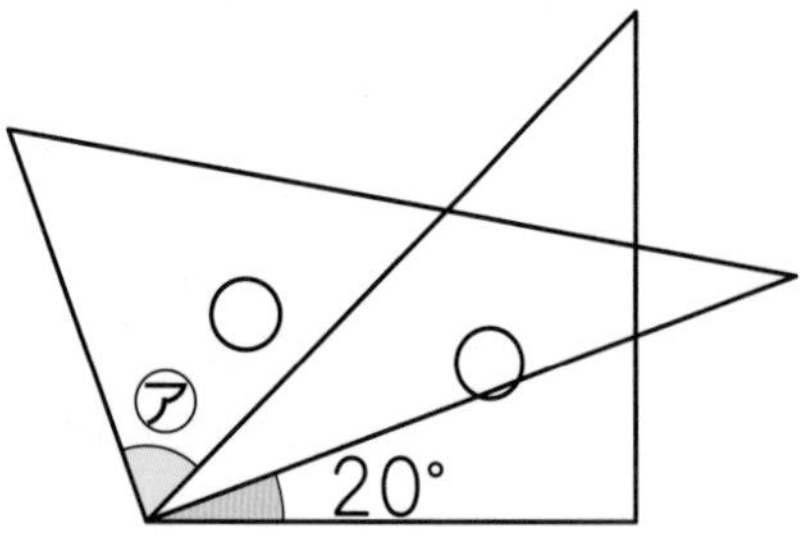

㋐
20°

(　　　　)

❺ 次の㋐～㋒の角の大きさは，それぞれ何度ですか。分度器を使わないで求めなさい。

(各10点)

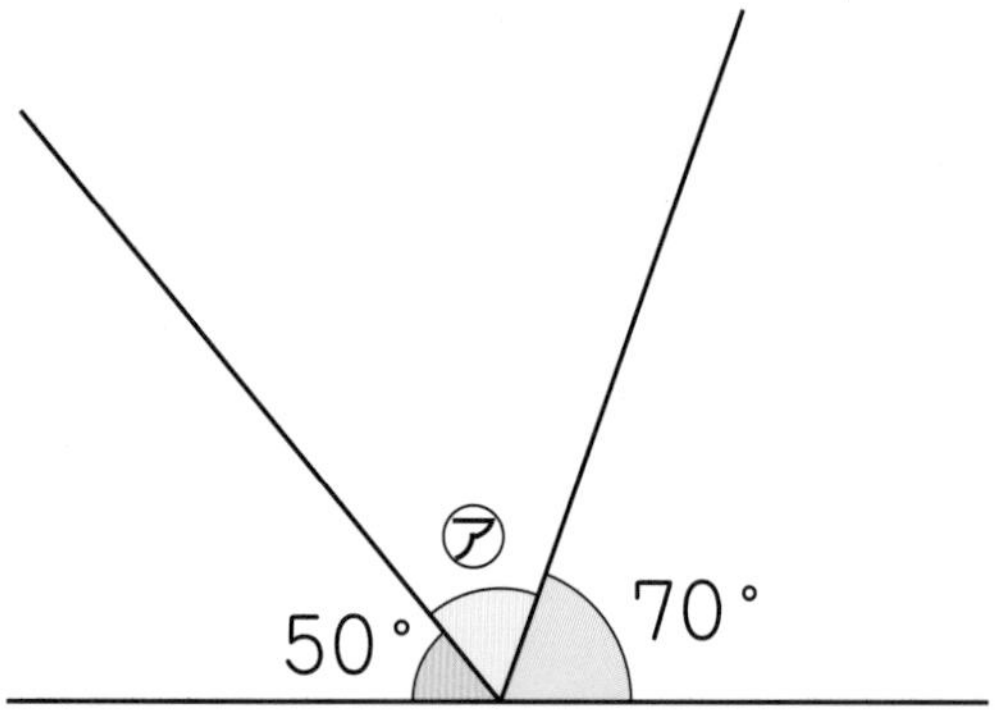

㋐
50°
70°

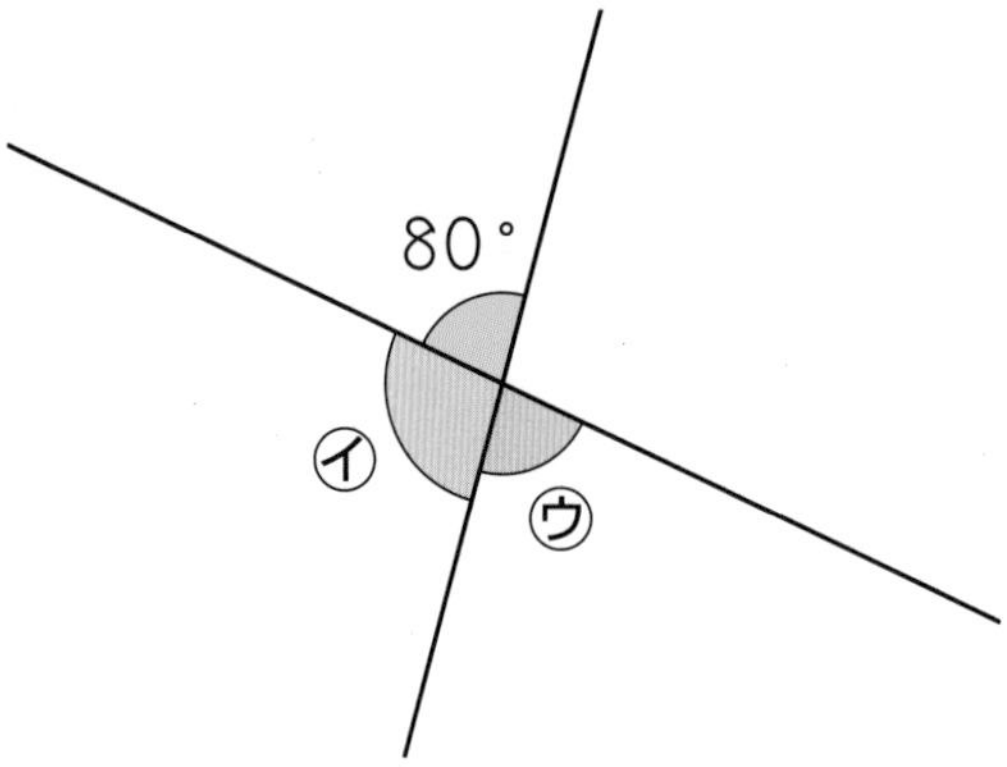

80°
㋑
㋒

㋐ (　　　　)　㋑ (　　　　)　㋒ (　　　　)

❻ 下の時計で，長いはりと短いはりの間の角の大きさは何度ですか。分度器を使わないで求めなさい。(20点)

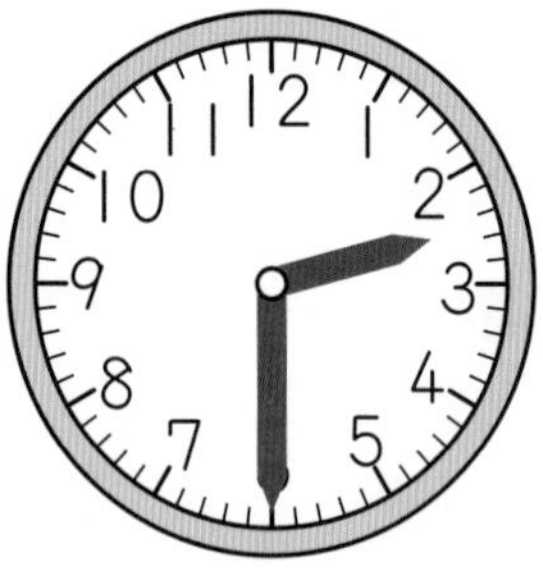

(　　　　)

短いはりは，２と３のちょうどまんなかをさしているね。

答えは『答えと考え方』

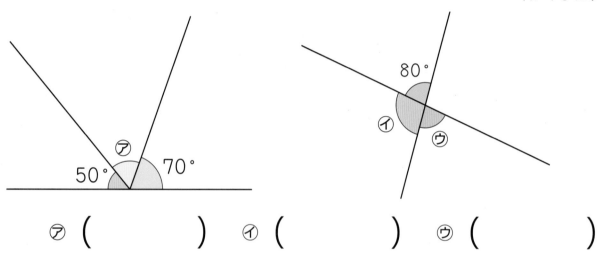

第2回 角

わからなかったら動画を見てね！

得点《とくてん》　　／100点

1 次の角の大きさは何度ですか。分度器《ぶんどき》を使ってはかりなさい。(各《かく》5点)

(1)

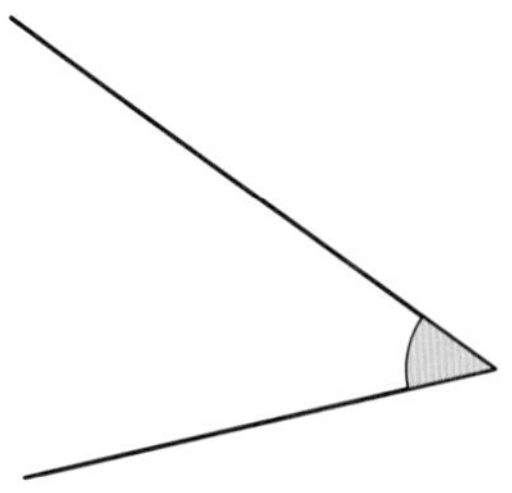

(　　　　　)

(2)

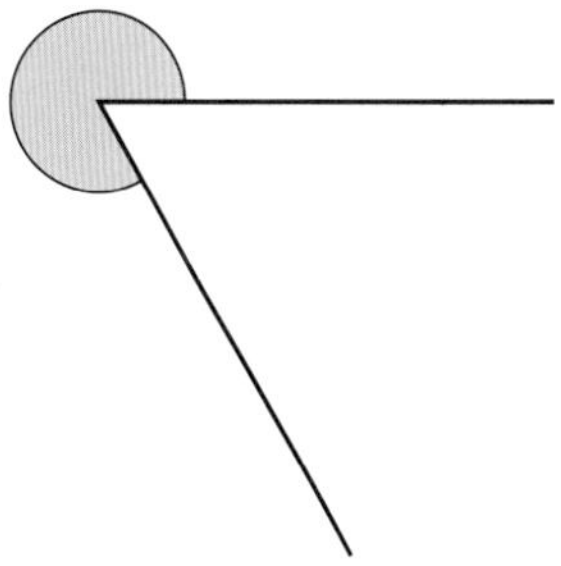

(　　　　　)

2 分度器を使って，次の大きさの角をかきなさい。(各5点)

(1) 123°

(2) 320°

3 分度器とじょうぎを使って，次の三角形をかきなさい。(15点)

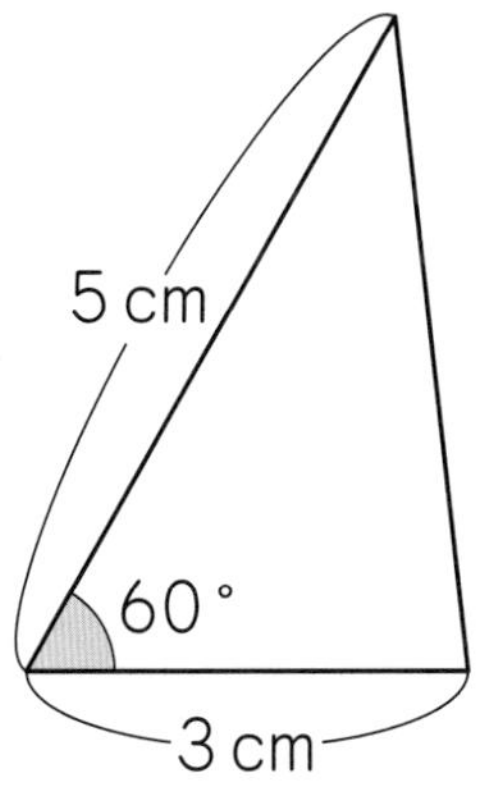

❹ 次の数を書きなさい。（各 10 点）

（1）7600 億を 10 倍した数　（　　　　）

（2）5418 兆を $\frac{1}{10}$ にした数　（　　　　）

❺ 次の計算をしなさい。（各 5 点）

（1）216 億＋ 82 億

＝ □ 億

（2）5 兆 349 億＋ 4 兆 671 億

＝ □ 兆 □ 億

（3）91 万× 36 万

（4）91 億× 36 万

（3），（4）は，91 × 36 ＝ 3276 を使って計算できるよ。

❻ 8302590000000 の 13 この数字をならべかえてできる 13 けたの整数について，次の問いに答えなさい。（各 10 点）

（1）いちばん大きい数を数字で書きなさい。

（　　　　）

（2）いちばん小さい数を数字で書きなさい。

（　　　　）

（3）6 兆にいちばん近い数を数字で書きなさい。

（　　　　）

（3）では，1 兆の位《くらい》が 6 に近い数から順《じゅん》に考えるといいね。

答えは『答えと考え方』

第1回 大きな数

学習日　月　日

得点《とくてん》　／100点

わからなかったら動画を見てね！

❶ 次の数の読み方を漢字で書きなさい。(各《かく》5点)

(1) 2406390571

(　　　　　　　　　　　　　　)

(2) 5108730006000000

(　　　　　　　　　　　　　　)

❷ 次の数を数字で書きなさい。(各5点)

(1) 六十五兆《ちょう》八千三百一万

(　　　　　　　　)

(2) 一億《おく》を38こと，一万を701こ合わせた数

(　　　　　　　　)

❸ 下の数直線の目もりが表す数を書きなさい。(各5点)

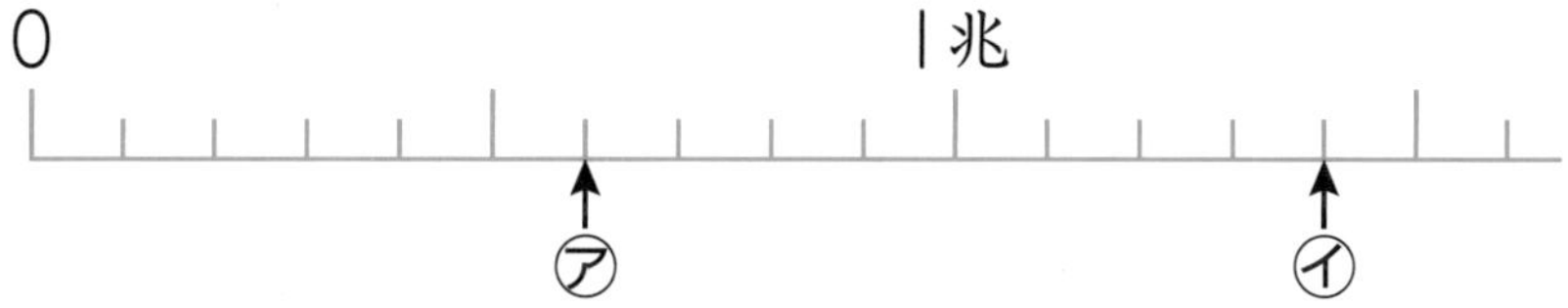

㋐(　　　　　　)　㋑(　　　　　　)

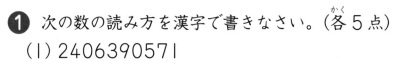

算数

ページ

理科

社会

★ 国語は４ページから始まります。
★ 英語は73ページから始まります。

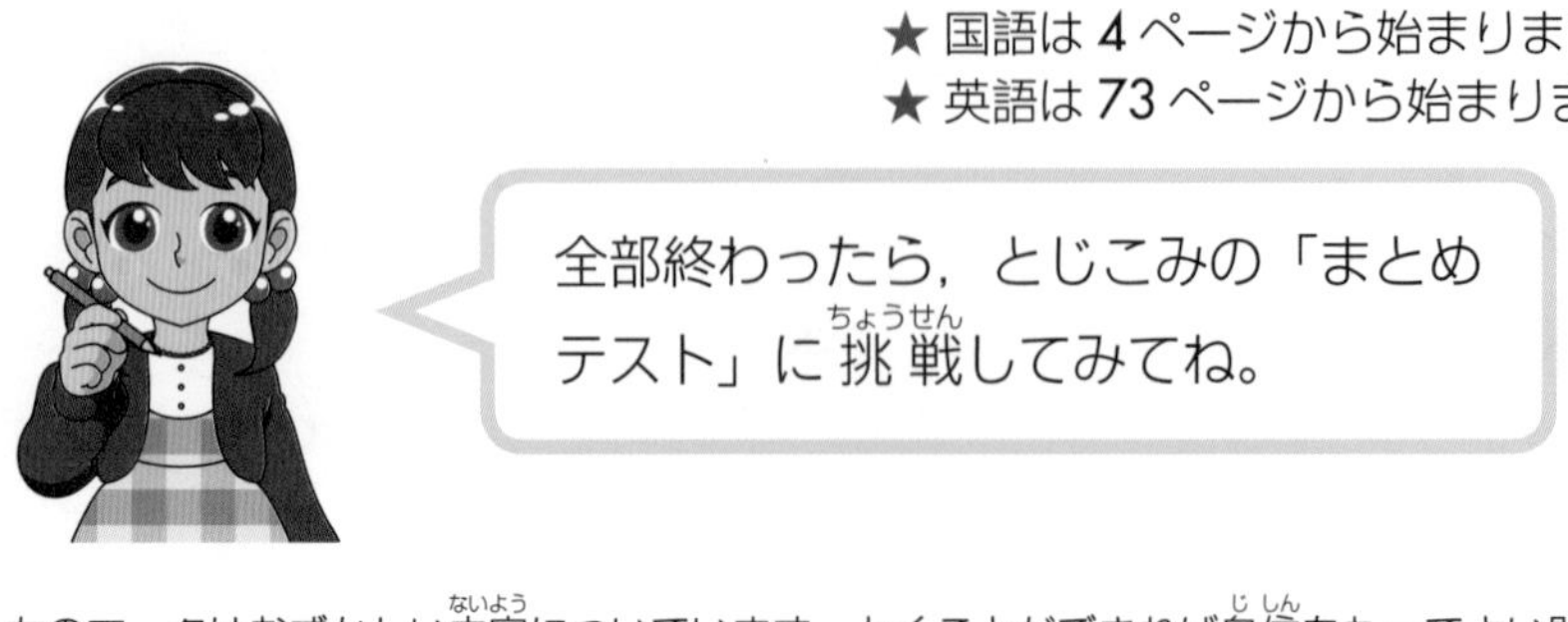
全部終わったら，とじこみの「まとめテスト」に挑戦《ちょうせん》してみてね。

左のマークはむずかしい内容《ないよう》についています。とくことができれば自信《じしん》をもってよい問題です。まちがえた場合は，『答えと考え方』を読んで理解《りかい》しておきましょう。

おうちの方へ

算数　教科書内容対照表

授業動画は
こちらから

まだ習っていないところは，学校で習ってから復習としてお使いください。

	教科書のページ					
	東京書籍	啓林館	学校図書	日本文教出版	教育出版	大日本図書
第1回 大きな数	上8～19 ページ	上54～65 ページ	上10～21 ページ	上10～20 ページ	上10～22 ページ	59～70 ページ
第2回 角	上56～73 ページ	上10～25 ページ	上58～72 ページ	上60～70 ページ	上59～72 ページ	47～58 ページ
第3回 わり算の筆算	上36～54 ページ 上96～113 ページ	上38～51 ページ 上104～117 ページ	上38～56 ページ 上102～119 ページ	上22～38 ページ 下6～25 ページ	上24～43 ページ 上74～89 ページ	30～45 ページ 127～144 ページ
第4回 垂直・平行と四角形	下18～39 ページ	上66～85 ページ	上74～100 ページ	上104～123 ページ	上108～131 ページ	84～109 ページ
第5回 折れ線グラフ・表	上20～34 ページ	上26～37 ページ 下60～69 ページ	上23～34 ページ 上139～144 ページ	上40～58 ページ	上44～57 ページ 下22～33 ページ	10～27 ページ
第6回 小数	上74～91 ページ	上86～97 ページ	下4～21 ページ	上72～86 ページ	下36～51 ページ	163～179 ページ
第7回 面積	下62～81 ページ	下2～17 ページ	下40～59 ページ	下40～60 ページ	下2～21 ページ	180～195 ページ
第8回 分数	下40～52 ページ	下72～83 ページ	下87～99 ページ	下82～93 ページ	下110～124	220～234 ページ
第9回 変わり方	下54～60 ページ	下86～93 ページ	下118～125 ページ	下62～71 ページ	下52～59 ページ	145～153 ページ
第10回 およその数	上120～132 ページ	下20～31 ページ	上124～137 ページ	上88～97 ページ 下72～77 ページ	上90～105 ページ	112～126 ページ
第11回 小数のかけ算・わり算	下82～103 ページ	下34～53 ページ	下60～77 ページ	下96～114 ページ	下73～93 ページ	200～219 ページ
第12回 立体	下106～119 ページ	下94～107 ページ	下100～117 ページ	下116～129 ページ	下94～109 ページ	236～250 ページ

「まとめテスト」にチャレンジしよう！

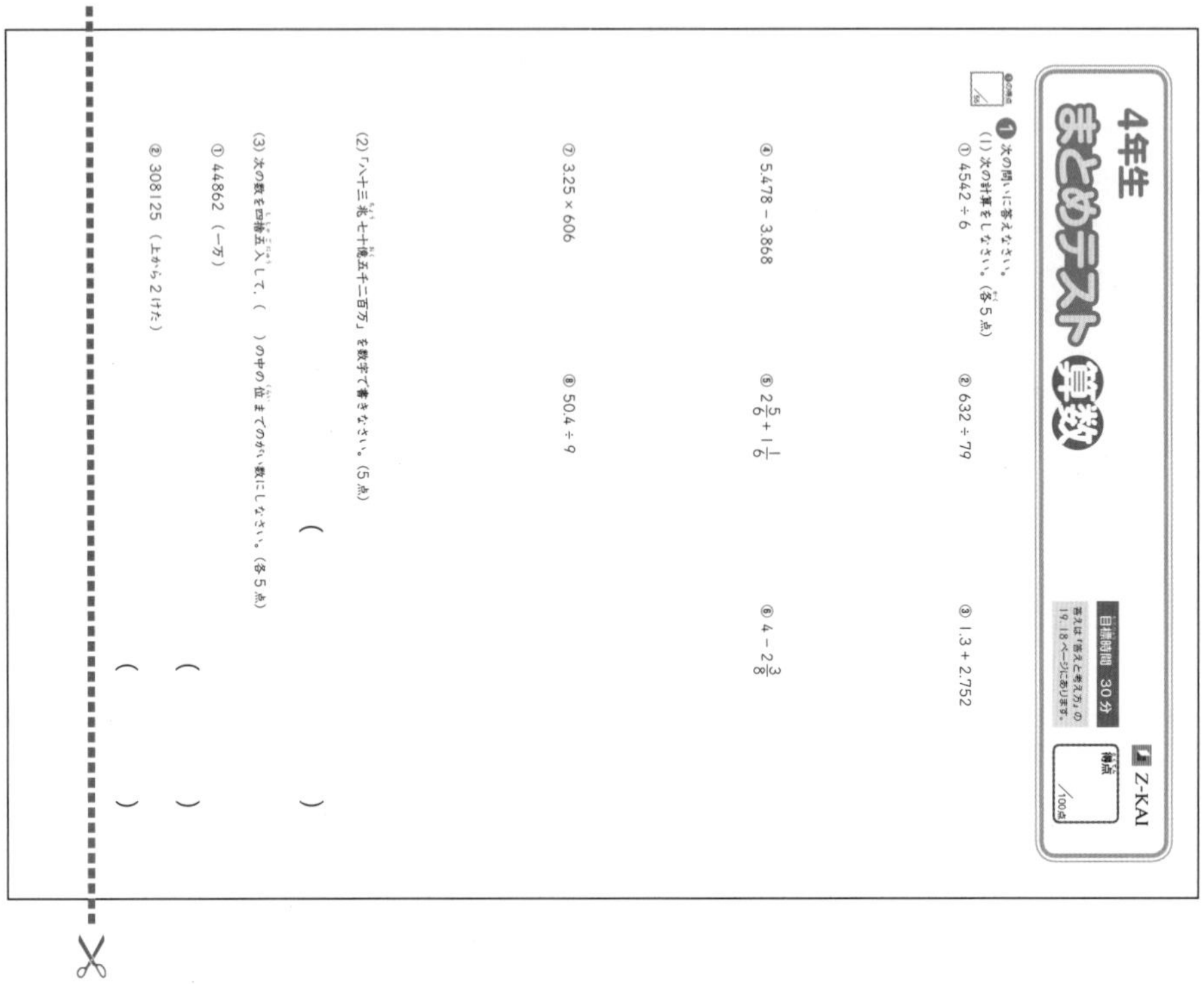

「まとめテスト」が3まいはさみこまれているよ。切りとって取り組もう。

「まとめテスト」の取り組み方

- 全部の回が終わったら「まとめテスト」に取り組もう。
- テストは，国語・算数・理科・社会の４教科あるよ（理科・社会は片面《かためん》ずつ）。
- ４教科まとめてやってもいいし，何日かに分けて取り組んでもいいよ。
- わからないところは，調べながらといてもいいよ。
- 終わったら，『答えと考え方』を参考《さんこう》にして自分で丸をつけてみよう。
- 復習《ふくしゅう》に役立つポイントが赤字で記入してあるよ。答案《とうあん》に書きこんでみよう。

これで５年生になってもバッチリだね。

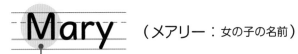

第4回 英語の文の書き方のきまり

英語の文を書くときに，どんなきまりがあるのか見てみよう。

音声DL 05 聞いてみよう

単語《たんご》の書き方

cat（ねこ）

単語は小文字で書きます。文字の間をつめすぎたり，あけすぎたりしないようにしましょう。

Mary（メアリー：女の子の名前）

人の名前や国名，地名などは，大文字で書き始めます。

英語の文を書くときの基本的《きほんてき》なきまり

How are you?（元気？）

単語と単語の間は小文字１文字分くらいあけます。

最初《さいしょ》の文字は，大文字で書き始めます。

質問《しつもん》する文の終わりには，？(クエスチョンマーク) をつけます。

２つの単語をまとめて１つに書くときには，’(アポストロフィ) をつけます。

例《れい》）I am → I'm

I'm fine, thank you.（元気だよ。ありがとう。）

文の終わりには，.(ピリオド) をつけます。

Yes, I am.

「わたしは」を表すＩは，文の最初だけでなく，文のどこにあっても大文字で書きます。

Yes ／ No のあとに I am ／ I'm not などが続《つづ》く場合は，,(カンマ) がつきます。

上の文は，Are you ～？（あなたは～ですか？）と聞かれたときに，「はい，そうです。」と答える文だよ。

ちょうせんしてみよう！ 答え

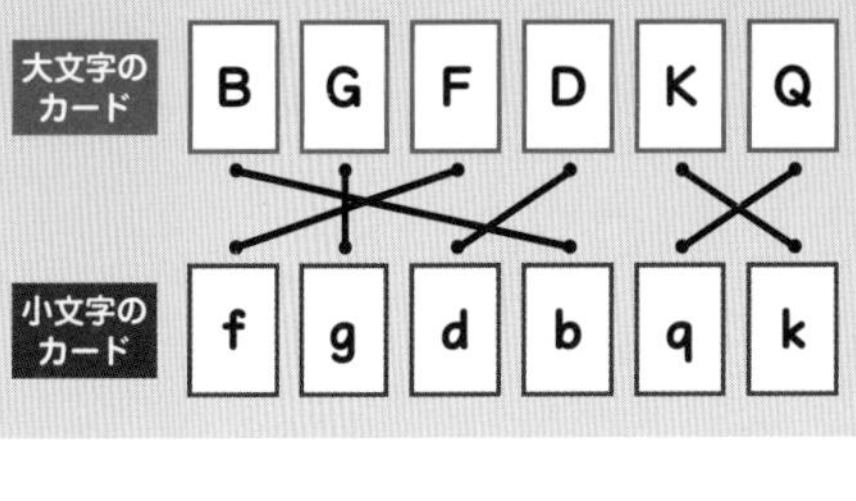
大文字のカード
B
G
F
D
K
Q
小文字のカード
f
g
d
b
q
k

＊数を数えよう

音声DL 03 聞いてみよう

１～10を英語で言ってみよう！

one　two　three　four　five

six　seven　eight　nine　ten

＊言ってみよう

音声DL 04 聞いてみよう

質問《しつもん》をするよ。きみが持っているものについて数を英語で答えてみよう。そのあと，４線に書いてみよう。

① How many **markers** do you have?

意味 きみは，カラーペンを何本持っているの？

I have ＿＿＿＿＿＿＿＿＿＿＿＿ .

② How many **erasers** do you have?

意味 きみは，消しゴムをいくつ持っているの？

I have ＿＿＿＿＿＿＿＿＿＿＿＿ .

eraser は消しゴムのことだよ。

第3回　数をたずねよう

ゆうたは友達《ともだち》のサラの家に遊びに行ったよ。サラの部屋にはカラーペンがたくさんあるね。ゆうたはサラに何かたずねているよ。

音声DL 02 聞いてみよう

How many markers do you have?
カラーペンを何本持っているの？
I have eight.
わたしは8本持っているわ。
Wow! So many! I have only one.
すごい！　そんなにたくさん！　ぼくは1本しか持っていないよ。

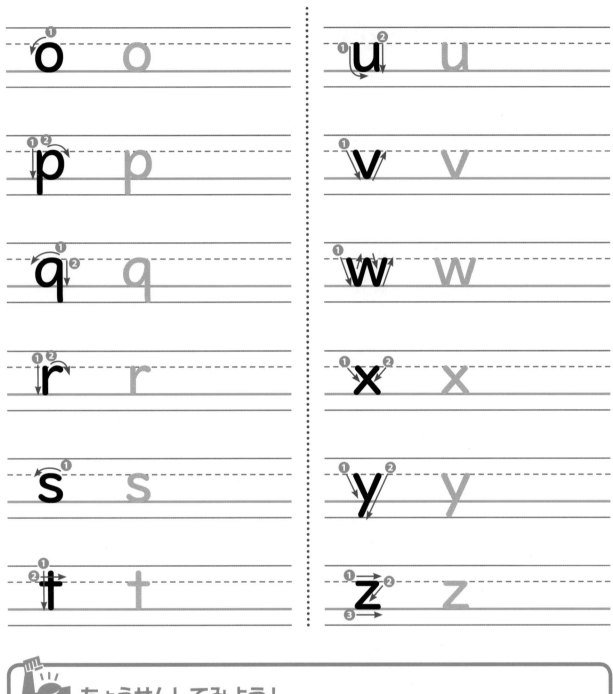

o o

p p

q q

r r

s s

t t

u u

v v

w w

x x

y y

z z

ちょうせんしてみよう！

アルファベットの大文字と小文字を書いたカードがあるよ。同じアルファベットの組み合わせを線で結《むす》んでみよう。

大文字のカード	B	G	F	D	K	Q
小文字のカード	f	g	d	b	q	k

大文字と小文字で，にた形のものもあるけれど，まったくちがう形の組み合わせもあるね。

答えは67ページ

第2回 アルファベットを書いてみよう ②

次は「小文字」だよ。うすい文字をなぞってから，となりに自分で書いてみよう。大文字とにている文字もあるね。形のちがいもかくにんしよう。

書いてみよう

小文字

a a

b b

c c

d d

e e

f f

g g

h h

i i

j j

k k

l l

m m

n n

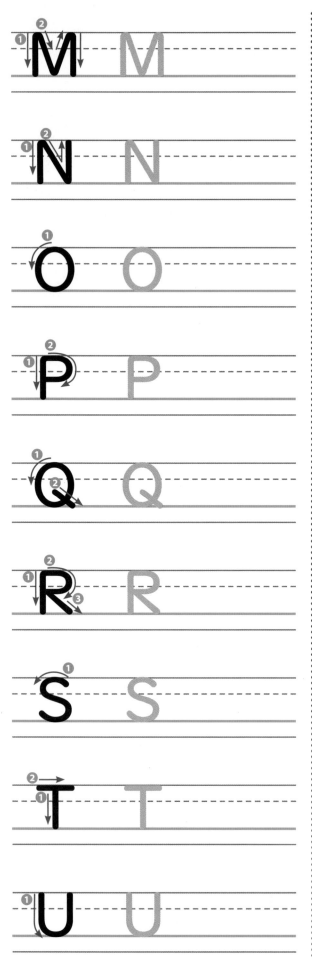

M M

N N

O O

P P

Q Q

R R

S S

T T

U U

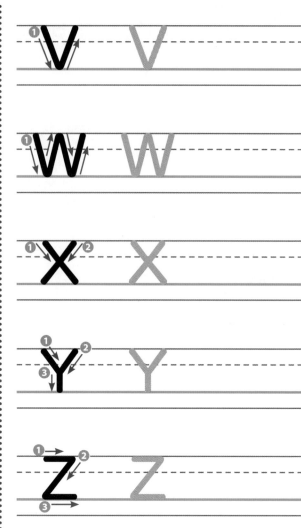

V V

W W

X X

Y Y

Z Z

アルファベットについて

アルファベットは全部で 26 文字あるよ。そして，1 つの文字には「大文字」と「小文字」があるんだ。

A a

大文字 小文字

読み方はどちらも同じだよ。
次のページでは「小文字」を書いてみよう。

第1回 アルファベットを書いてみよう ①

英語の文字を「アルファベット」というよ。アルファベットには，大文字と小文字があるよ。

まずは，「大文字」を書いてみよう。うすい文字をなぞってから，となりに自分で書いてみようね。下の書き順《じゅん》は1つの例《れい》だよ。

音声DL 01 聞いてみよう

書いてみよう

大文字

A A

B B

C C

D D

E E

F F

G G

H H

I I

J J

K K

L L

英語

ページ

※英語はワーク形式のため『答えと考え方』はありません。

マークについて

音声DL 01 聞いてみよう …… 音声を聞いてみましょう。
音声の聞き方については下記をごらんください。

書いてみよう …… 文字をなぞったり，４線に書いてみたりしましょう。

…… おさえておきたいポイントです。

音声の再生方法について（おうちの方へ）

■ ダウンロード（パソコン）

https://www.zkai.co.jp/books/wkwk-4onsei/
お手持ちのパソコンからアクセスしてください。

■ ストリーミング（タブレット・スマートフォン）

右記のコードからアクセスしてください。

音声DL 01 聞いてみよう は音声ファイルのファイル番号に対応しています。マークの数字が「01」の場合は音声ファイル 01 をお聞きください。

答えと考え方

Z会 小学生わくわくワーク
総復習編
4年生
冊子《さっし》をつかんで，
少し力を入れて引っぱってね。
別冊《べっさつ》として使《つか》えるよ。

「答えと考え方」の使い方

★ 自分の答えと『答えと考え方』をくらべて，どのようなまちがいをしたのかや，正しい考え方をかくにんしましょう。

★ 正解《せいかい》した問題も，考え方が合っているか，ほかの考え方があるかなどをたしかめるために，「考え方」を読みましょう。

★ 答え合わせが終わったら，「得点《とくてん》」を記入しましょう。

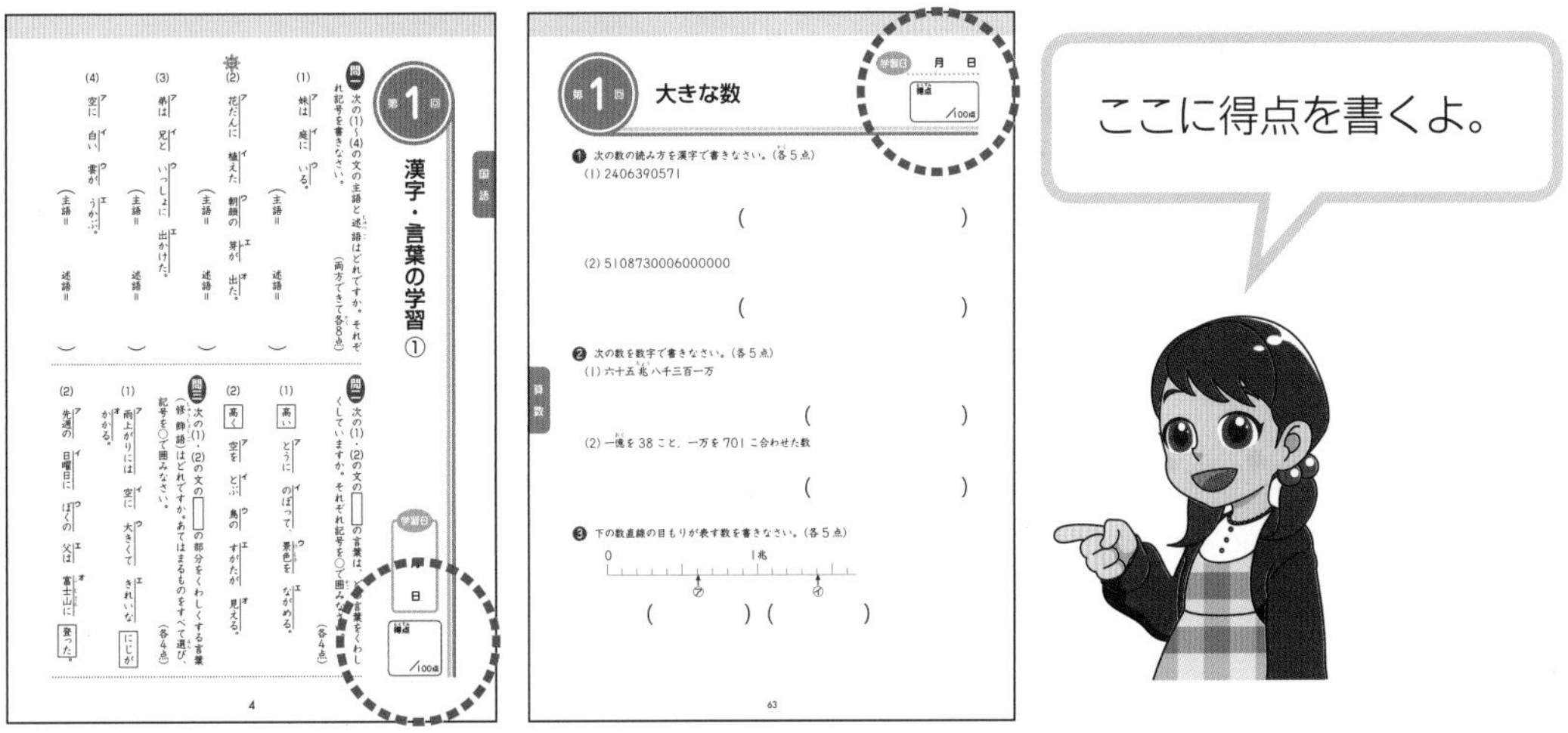
ここに得点を書くよ。

★ 1回分が終わったら,「わくわくシール」を1まいはりましょう。台紙は最後《さいご》のページにあります。

全部終わると1まいの絵ができるよ。

目次

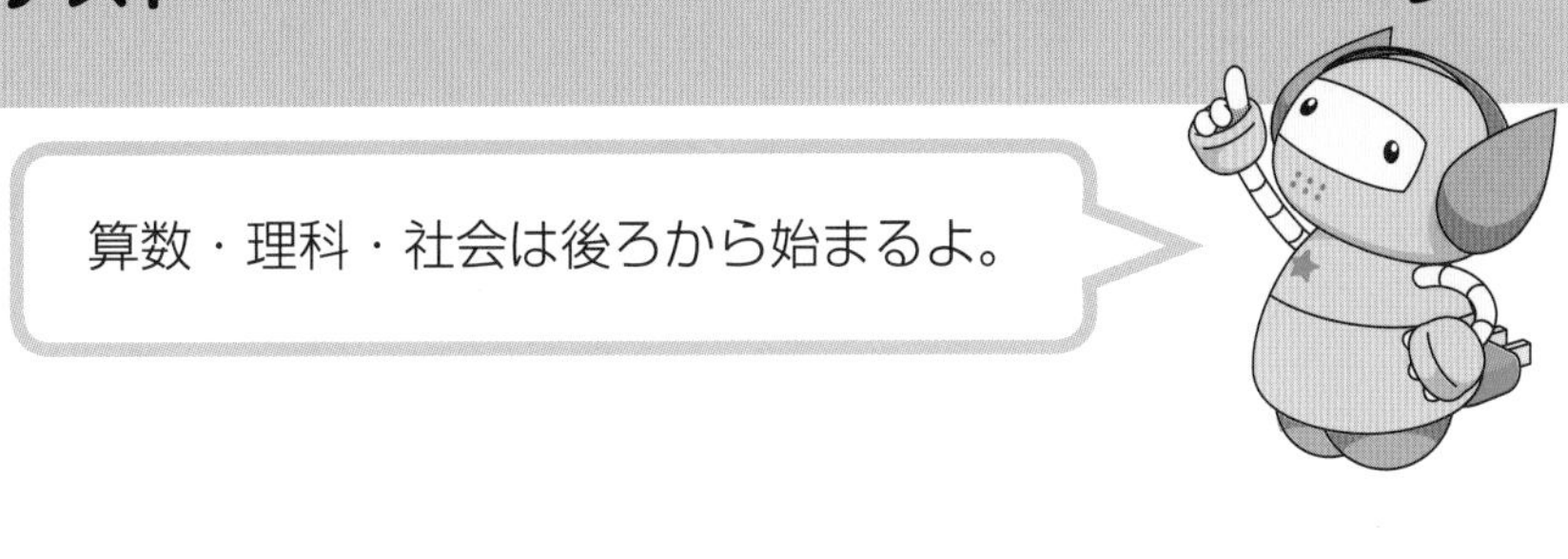
算数・理科・社会は後ろから始まるよ。

第1回 漢字・言葉の学習①

考え方

問一　文の主語と述語《じゅつご》を答える問題です。

> ◎主語……「何が（は）」「だれが（は）」にあたる部分。
> ◎述語……「どうする」「どんなだ」「何だ」「ある（いる・いない）」にあたる部分。

それぞれの文で、主語である「何が（は）」「だれが（は）」、述語である「どうする」「どんなだ」などにあたる部分をさがしましょう。

先に文の述語を見つけてから、主語をさがすようにするといいよ。

問二　くわしくする言葉（修飾語《しゅうしょくご》）と、その言葉がかかる言葉をとらえる問題です。

> ◎くわしくする言葉（修飾語）……文の中で、「いつ」「どこで」「何を」「何に」「何の」「どんな」「どれくらい」「どのような」などを説明する言葉。

(1)の「高い」と(2)の「高く」では、それぞれかかる言葉がちがいます。「高い」は「どんな」を表す言葉で、「とう」をくわしくしています。「高く」は「どのように」を表す言葉で、「とぶ」をくわしくしています。

問三　(1)「にじ」は「どんな」にじだと文の中で説明されているでしょうか。

(2)「いつ」「何に」「登った」のでしょうか。くわしくする言葉をとらえます。「先週の日曜日に」が「いつ」を表していますが、「先週の」の部分は「日曜日に」をくわしくする言葉で、「登った」をくわしくする言葉ではないので注意しましょう。

問四・問五　組みになって使われる言葉の問題です。組みになって使われる言葉には、次のような決まった言い回しがあります。

> ◎組みになって使われる言葉の例《れい》
> もし →～ば／たら／ならば
> たとえ →～ても／でも
> 　　かりに想定する言い方。
> どうして
> なぜ →～か
> 　　たずねる言い方。
> どうか
> ぜひ →～ください
> 　　願《ねが》いやたのみごとをのべる言い方。
> おそらく
> たぶん →～だろう
> 　　予想をのべる言い方。
> けっして
> ちっとも
> 少しも
> 全く →～ない
> 　　打ち消す言い方。
> まるで
> ちょうど →～ようだ／みたいだ
> 　　たとえる言い方。

なお、**問四**の［　］にある「ずいぶん」には、特《とく》に組みになって使われる言葉はありません。

答え

問一　(1)主語＝ア　述語＝ウ　(2)主語＝エ　述語＝オ　(3)主語＝ア　述語＝エ　(4)主語＝ウ　述語＝エ

問二　(1)ア　(2)イ

問三　(1)ウ・エ　(2)イ・オ

問四　(1)もし　(2)たぶん　(3)少しも

問五　(1)ない　(2)か　(3)ようだ

問六　(1)塩　(2)種　(3)倉庫　(4)特別　(5)借りる

物語の読み取り①

考え方

問一　まずは場面をおさえます。問題文の前半をよく読みましょう。

・今度の学校で、ボクのクラスは四年二組。（1行目）
・「はじめまして。ボクは、山田一郎《やまだいちろう》です。」（15行目）

「ボク」は転校してきたばかりで、――①は、まさにクラスのみんなの前で自己《じこ》しょうかいをしようとしているところだとわかります。

　自己しょうかいについて、「ボク」がどう感じているのかがわかる一文をさがすと、次の部分が見つかりますね。

何度体験しても、キンチョーするいっしゅんだ。（6～7行目）

問二　「かんじん」とは、「いちばん大切なところ」という意味の言葉です。つまり、「ボク」ははじめの自己しょうかいがいちばん大切だと考えているのです。「ボク」はどのように自己しょうかいをしようと考えているのでしょうか。――②の直後、10～14行目を読むと、「ボク」は自己しょうかいはとにかくふつうにこなすことが大切だと思っているということがわかります。そう思っている「ボク」が、どのように自己しょうかいをしたのか、もう少し先を読むと、次の部分が見つかります。

可《か》もなく不可もなく。自己しょうかいはそつなくこなした、と自分では思う。（18～19行目）

「可もなく不可もなく」は、「特《とく》にいいこともなければ悪いこともない」という意味で、要《よう》するに「ふつう」ということです。よって、この「可もなく不可もなく」が答えです。「そつなくこなした」も「ふつう」という様子を表していますが、八字なので字数があいません。

字数指定に注意して答えをさがすことが大切だよ。

問三　――③は、自己しょうかいを終えた「ボク」の様子です。

　これまで読み取ったことをふまえて考えましょう。「ボク」は自己しょうかいを前に「キンチョー」していて、「はじめがかんじんなのだ」と思い、「可もなく不可もなく」自己しょうかいを終えました。その直後にそっと様子をうかがっているのですから、自分の自己しょうかいに対してクラスのみんなはどのような反応《はんのう》をしているのかが気になっていると考えられます。答えは**ウ**です。

「上目でそっと」とあるから、「ボク」がこわごわ反応をたしかめている様子がわかるね。

問四　――④の直前に注目して、「ボク」がどのようなことに「ホッと」したのかをとらえます。

クラスのヒトたちに向かって星野先生が声をかけた。
……好意的な声が返ってきて、ボクは④ホッとむねをなでおろす。（22～27行目）

先生がクラスのみんなに声をかけたところ、みんなから好意的な声が返ってきたので、「ボク」は「ホッと」したのですね。

答え

問一　何度体験しても、キンチョーするいっしゅんだ。
問二　可もなく不可もなく
問三　**ウ**
問四　先生がかけた声に、みんなから好意的な声が返ってきたこと。（28字）

国語

第3回 説明文の読み取り①

考え方

問一 「雲」が何からできているのかは、――①の次の文で説明されています。

> しかし、その正体は空気中にうかぶ、とても小さな水や氷のつぶが集まったものなのです。（2〜4行目）

「その」は「雲」を指しています。「雲」の正体が「空気中にうかぶ、とても小さな水や氷のつぶが集まったもの」ということを言っているので、雲は「空気中にうかぶ、とても小さな水や氷のつぶ」からできている、と考えることができますね。

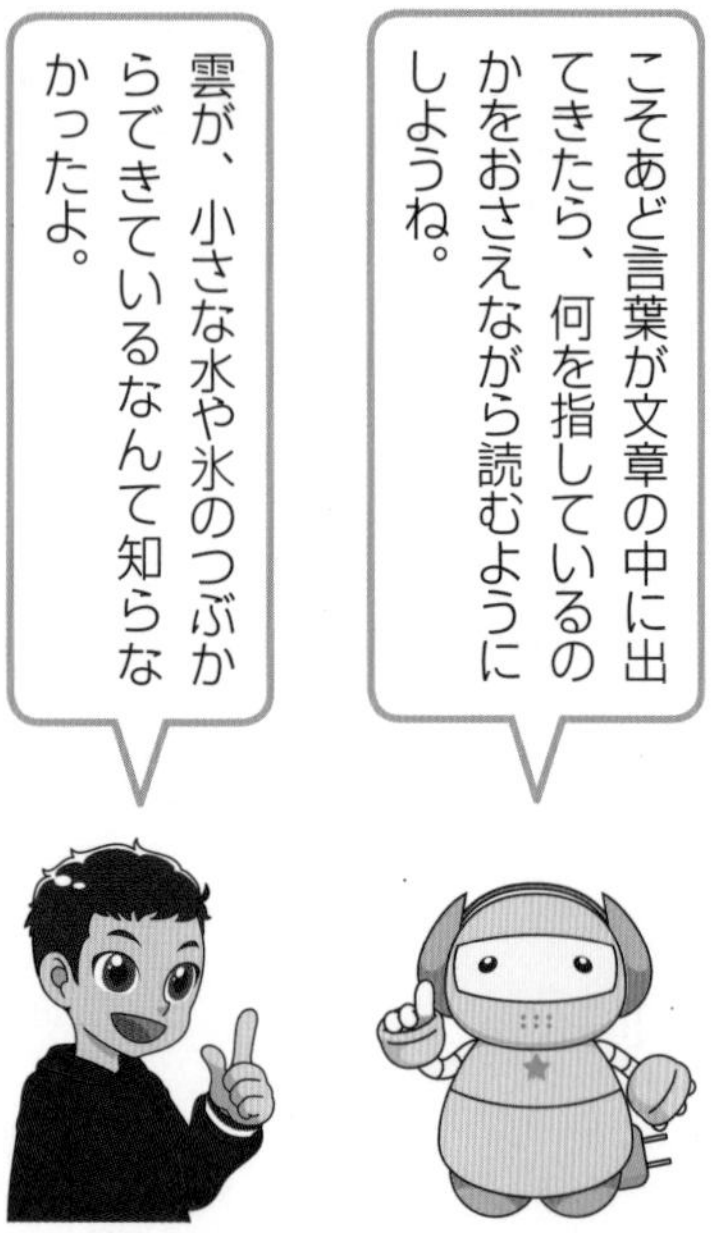

こそあど言葉が文章の中に出てきたら、何を指しているのかをおさえながら読むようにしようね。
雲が、小さな水や氷のつぶからできているなんて知らなかったよ。

問二 (1) 「水蒸気《すいじょうき》」とはどのようなものなのか、――②に続く部分では次のように説明されています。

> 「水蒸気」という、目に見えない水や氷のもとがかくれています。（14〜15行目）

ここから（　）には、「目に見えない」があてはまります。

(2) 「水蒸気」のせいしつについて書かれている部分をとらえましょう。――②の次の文に、のべられている部分があります。

> 水蒸気は、あたたかい空気の中にいればそのままでいられるのですが、空気が冷やされていくと、水や氷に変わるせいしつがあります。（15〜17行目）

よって、（　）にあてはまる言葉は「水や氷」になります。

問三 問題文全体をよく読んで、**ア**〜**エ**の内容《ないよう》と、本文の内容とがあっているかどうかを考えます。

ア・**イ**は、ともに「巻層雲《けんそううん》」についてのべられています。25〜27行目に「晴れているときは、すじのような雲（巻層雲）や小さな雲が整列してうかぶ（巻積雲）ことが多く」とあるので、**ア**・**イ**ともに、正しい内容です。

ウも、26〜28行目に「小さな雲が整列してうかぶ（巻積雲）ことが多く、こんなときは天気がすぐにくずれることはありません」とあるので、問題文の内容とあっています。

エは「高層雲」の説明ですが、28〜31行目に「ベールがかかったようなうす雲が広がったり、太陽に光の輪がかかっているとき（高層雲）でも、天気がくずれるのは早くてもよく日あたりになります」とあります。よって、高層雲がうかんでも、天気がすぐにくずれるわけではないので、**エ**は問題文の内容とあっていません。

ココが大切！
問題文と選択肢《せんたくし》とをていねいに読みくらべて、**ア**〜**エ**の内容が問題文に書かれているかどうかをたしかめましょう。

答え

問一 空気中にうかぶ、とても小さな水や氷のつぶ

問二 (1)目に見えない　(2)水や氷

問三 **エ**

問四 **ア**＝残念　**イ**＝付近

第4回 俳句《はいく》をよんでみよう

考え方

❶ 季語とは、それぞれの季節を表す言葉のことです。

(1)の俳句には「赤とんぼ」「つくば」「雲」、(2)の俳句には「梅」「一輪」「あたたかさ」という言葉がありますが、この中で季節を表しているのは、「赤とんぼ」と「梅」です。赤とんぼが飛ぶ季節は秋、梅がさく季節は春なので、(1)の俳句の季語は「赤とんぼ」で、表す季節は秋、(2)の俳句の季語は「梅」で、表す季節は春、となります。「つくば」は茨城《いばらき》県にある土地の名前なので、季語ではありません。「雲」「一輪」「あたたかさ」なども、季節を表す言葉ではありません。

なお、どの言葉がどの季節を表す言葉になるのかは、『歳時記《さいじき》』という本にまとめられています。『歳時記』では、古いこよみにしたがって季語が分類《ぶんるい》されているので、げんざいの季節とくらべるとずれていると感じるものもあります。

> ◎古いこよみでの季節
> ・春…1・2・3月（げんざいの2・3・4月）
> ・夏…4・5・6月（げんざいの5・6・7月）
> ・秋…7・8・9月（げんざいの8・9・10月）
> ・冬…10・11・12月（げんざいの11・12・1月）

また、俳句には古い歴史《れきし》があるので、昔につくられた俳句はもちろん、げんざいつくられる俳句でも、古い言い回しを使う場合があります。なお、(1)の俳句の「雲もなかりけり」という部分は「雲もなかった」という意味になります。

「七夕《たなばた》」はげんざいでは「夏」のイメージだけど、季語では「秋」になるよ。

「名月を～」の俳句の「とってくれろ」も古い言い回しで、「とってくれよ」という意味だよ。

❷ 季語を一つ選んだら、五、七、五の十七音で俳句をよんでみましょう。選んだ季語について考えたとき、どんな光景《こうけい》が心にうかんだでしょうか。

たとえば、「うぐいす」は春をつげる鳥といわれています。「うぐいす」という季語からは、だんだんとあたたかくなってきた春のある日、どこからかうぐいすの鳴く声が聞こえてくる……そんなイメージが広がります。こうした心にうかんだ光景を、五、七、五の十七音にまとめましょう。

❸ まずは季節を決めて、その季節を表す季語を考えます。季語は、季節にちなんだ行事や植物、食べ物などを書くようにしましょう。そして、考えた季語の中から一つ選んで、季語を使って五、七、五の十七音で俳句を作りましょう。

好《す》きな動物や植物の様子、楽しかった思い出などを俳句によんでもいいね。

答え

やってみよう

❶
(1) 季語＝赤とんぼ　季節＝秋
(2) 季語＝梅　季節＝春

❷
(1) 【例《れい》】 選んだ季語＝うぐいす
俳句＝うたたねに　うぐいす鳴いて　目を覚《さ》ます
(2) 【例】 選んだ季語＝初雪
俳句＝初雪で　めざめた朝の　銀世界

❸
(1) 【例】 秋
(2) 【例】 台風・すすき・さんま・こおろぎ
(3) 【例】 さらさらと　すすきをゆらし　風通る

第5回 漢字・言葉の学習②

考え方

問一 慣用句《かんようく》の知識《ちしき》を問う問題です。

◎慣用句……二つ以上の語が決まった組み合わせでひとまとまりになることで、特別《とくべつ》な意味を表す言葉のこと。

慣用句には、動物の名前や体の一部の名前を用いたものが多くあります。次にいくつかしょうかいしておきます。

◎動物の名前を使った慣用句
・馬が合う。（気が合う。）
・つるの一声。（多くの人をしたがわせるような力をもっている人の一言。）
・ねこのひたい。（場所がせまい。）
◎体の一部の名前を使った慣用句
・頭が上がらない。（相手に引け目を感じて、対等な立場に立てない。）
・足を引っぱる。（相手の成功《せいこう》や前進のじゃまをする。）
・耳が早い。（じょうほうやうわさなどを聞きつけるのが早い。）

問二 ことわざに関《かん》する問題です。

◎ことわざ……古くから人々の間で言い習わされてきた言葉で、簡単《かんたん》な教えやいましめの意味をもったもの。

(1)の「ねこに小判《こばん》」は、高価《こうか》なものであっても、持ち主によっては値《ね》打《う》ちがないものになるという意味のことわざなので、にた意味のことわざは**イ**の「ぶたに真じゅ」となります。

(2)の「弱り目にたたり目」は、不幸《ふこう》に不幸が重なって起きることを表すことわざです。**ウ**の「泣き面にはち」も同じ意味のことわざです。

(3)の「のれんにうでおし」は、手ごたえが感じられないことを表すことわざなので、にた意味をもつことわざは**ア**の「ぬかにくぎ」となります。

問三 にた意味の言葉を答える問題では、問われた言葉の意味をとらえてから、ほかに同じような意味をもつ言葉がないかを考えるとよいでしょう。

問四 (1)の「人工」は人間が手を加《くわ》えることをいうので、「ありのまま」という意味の「自然」が反対の意味をもつ言葉になります。また、(2)の「現実」は事実として現れているじょうたいのことなので、希望《きぼう》する最高《さいこう》のじょうたいを表す言葉の「理想」が反対の意味の言葉になります。

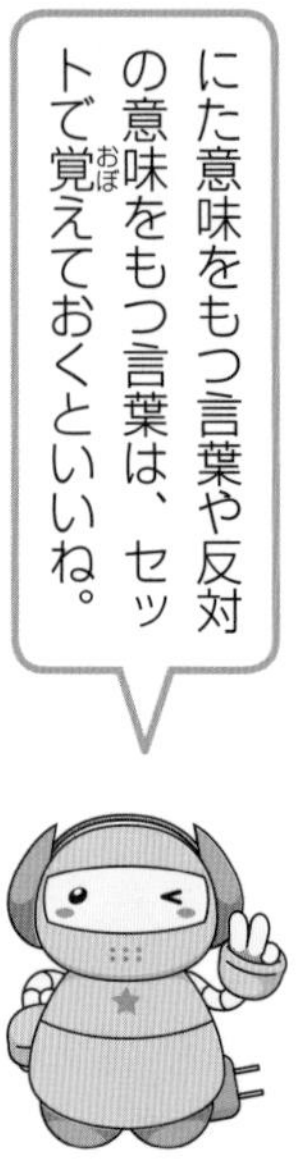
にた意味をもつ言葉や反対の意味をもつ言葉は、セットで覚《おぼ》えておくといいね。

問五 両方とも、ひらがなでは「あつい」と書く言葉ですが、「暑い」と「熱い」では反対の意味の言葉がことなります。

(1)の「暑い」は気温が高いことを表す言葉なので「寒い」が、(2)の「熱い」は物体の温度が高いことを表す言葉なので「冷たい」が、それぞれ反対の意味の言葉になります。

答え

問一 (1)ねこ (2)てんぐ (3)すずめ (4)虫
問二 (1)**イ** (2)**ウ** (3)**ア**
問三 (1)決心 (2)短所 (3)同意 (4)方法
問四 (1)自然 (2)理想
問五 (1)寒い (2)冷たい
問六 (1)鏡 (2)梅 (3)面積 (4)栄養 (5)健康 (6)静まる (7)続ける

第6回 説明文の読み取り②

考え方

問一 ――①の前にも「もうきん類」という言葉があることに注目しましょう。

これらの鳥をもうきん類とよんでいます。

「これら」とありますから、さらに前の部分に注目しましょう。すると、「もうきん類」がどのような鳥なのか説明《せつめい》されています。

もうきん類
＝
これらの鳥
＝
フクロウ類やワシ・タカ類
＝
生きているけものや小鳥などをおそう肉食の鳥

「もうきん類」とは、「生きているけものや小鳥などをおそう肉食の鳥」のことなのですね。

指示語《しじご》の指す内容《ないよう》を一つ一つたどって考えることが大切だよ。

問二 ――②の直前の「こんなところ」が指す部分に注目しましょう。

かこんでみよう

4～6行目　くらしがにていて、先のするどく、おれまがったくちばしや、足のつめなど、からだつきもにています。

ここから、フクロウ類とワシ・タカ類のにているところがわかりますね。にているところがあるから、「近いなかまだと考えられていた」のです。

「先のするどく、おれまがったくちばしや、足のつめなど」は、「からだつき」の説明です。したがって、「くらしやからだつきがにているから。」などとまとめましょう。

問三 （ A ）の前後の内容をたしかめましょう。

・前――フクロウ類とワシ・タカ類は近いなかまだと考えられていた。
・あと―両者（＝フクロウ類とワシ・タカ類）は進化の道すじがちがう。

「近いなかま」ということからは、「進化の道すじが同じ」ということが予想されますが、（ A ）のあとの内容は、「進化の道すじがちがう」となっています。したがって、（ A ）には、前のことがらから予想されることがらとはことなる内容が続《つづ》くときに使う接続語《せつぞくご》が入ると考えられます。

答えは、**イ**の「しかし」ですね。

問四 **ア**～**エ**を一つ一つ見ていきましょう。

ア　10～11行目に「まったくちがった進化の道すじをたどっている鳥」とありますので、まちがいです。

イ　1～6行目を読むと、**イ**の「フクロウ類とワシ・タカ類にはほとんどちがいがなく」という内容は一見正しく思えるかもしれません。しかし、14～16行目を見ると、両者のくらしにはさまざまなちがいがあることがわかります。また、29行目には「巣作りの場所がちがいます」とありますね。よって、これもあいません。

ウ　17～20行目を見ると、「ワシ・タカ類は昼間活動」、「フクロウ類はおもに夜間活動」とありますね。これもまちがいです。

エ　32行目からの段落《だんらく》に注目しましょう。**エ**はこの段落の内容とあいますね。

したがって、答えは**エ**です。

答え

問一 生きているけものや小鳥などをおそう肉食の鳥

問二 くらしやからだつきがにているから。（17字）

問三 イ

問四 エ

第7回 物語の読み取り②

考え方

問一　まずは、問題文のはじめにある前書きに注目しましょう。ここから、「圭太《けいた》は図書館でかりた本をなくしてしまった」「その本をだれかが図書館にとどけてくれていた」ということがわかります。このことをしっかりとおさえて問題文を読んでいきましょう。

――①の直前に、「(おれいをいいたいよね、どうしたらさがせるだろう)」とあります。ここの内容《ないよう》が答えの中心となります。

だれにおれいをいいたいと思っているのか、続《つづ》く部分をよく読んでとらえましょう。

「……『図書館の本をひろってくれた人をさがしています』って画用紙にかいて、それをかかえて公園のよこに立ってみたら」(4～7行目)

あずさの言葉からわかるように、三人は圭太がなくした「図書館の本をひろってくれた人」におれいがいいたかったのです。

前書きをしっかりと読むと場面がとらえやすくなるね。

問二　――②は、直前のあずさの言葉に対する圭太の言葉です。「かかえて立つのかよ」という圭太の言葉からは、あずさの提案《ていあん》をいやがる気持ちが読み取れます。いやがる理由は、――②に続く一文にあります。

圭太は、それははずかしいという顔です。

よって、答えは「はずかしい」です。

問三　あずさの提案に対して、まゆみはあとずさりしていることから、最初《さいしょ》はためらっていることがわかります。それが、どうして協力することになったのでしょうか。続く部分をよく読んでとらえましょう。

「さがしたいんでしょう。さがそうよ」
あずさのいきおいにのみこまれて、あずさの家へよって、さっそくプラカードづくりです。

「あずさのいきおいにのみこまれて」とあることに注目しましょう。あずさがあまりにも熱心《ねっしん》なので、それにおされて協力することになったのですね。この部分をまとめましょう。

問四　三人がどのようなじょうきょうにいるのかをふまえて、三人の気持ちを考えましょう。

――④の前を読むと、次のようにあります。

それをもって、三人でゆうがたの公園に立ちましたが、声をかけてくれた人はいなくて……。
もしかしたら、あさのさんぽにしたのかもしれないと、日曜日のあさも立ってみたけれど、わからなくて……。

プラカードを持って、圭太がなくした図書館の本をひろってくれた人をさがそうとしたのはいいものの、なかなかその人が見つからなかったのです。「もう一度だけと、ゆうがたまた立ってみた」ときの気持ちは、本をひろってくれた人がなんとか見つかってほしいという気持ちであったと考えられます。**ア**・**ウ**は「いらいらする気持ち」「あきらめようと思う気持ち」の部分がまちがいです。**イ**も、「だれかに」ではなく、さがしている人に気づいてほしいのでまちがいです。

登場人物の気持ちをとらえるときは、じょうきょうをふまえて考えるようにしよう。

答え

問一　A＝図書館の本をひろってくれた人
B＝どうしたらさがせるだろう

問二　はずかしい

問三　あずさのいきおいにのみこまれたから。(18字)

問四　エ

第8回 写真を見て説明文を書こう

考え方

(1) 説明文では、自分の考えや想像《そうぞう》を入れないようにして、聞く人にわかりやすく伝わるように書くことが大切です。そこで、最初に、写真の中心に写っているものをとらえて、どのような写真なのかをまず説明しましょう。中心に大きく写っているものから説明すると、聞く人は写真の内容《ないよう》がイメージしやすくなります。(1)の写真では、中心に小さな羊と大きな羊が二頭写っていますね。

次に、その小さな羊と大きな羊が何をしているのかを説明しましょう。小さな羊はこちらを見ていて、大きな羊は草を食べています。

続《つづ》いて、羊たちがいる場所や、写真の背景《はいけい》に写っているものを説明しましょう。羊たちがいる場所は牧場《ぼくじょう》ですね。背景には、何本かのくいや、木、湖などが写っています。また、遠くにはほかの羊のすがたも見えます。そういった内容を整理して説明するようにします。

つまり、説明するときの手順《てじゅん》は、次のようになります。

① 写真の中心に写っているものは何かをとらえる。

↓

② ①をふまえて、「だれが（何が）」、「どこで」、「何をしているのか」をくわしく説明する。

↓

③ 中心のものの様子や背景などを説明する。

中心に大きく写っているもの（ここでは二頭の羊）から、細かいもの（二頭の羊の様子や背景）という順に説明すると、相手に伝わりやすくなりますね。

伝えなければならないことは何なのか、ポイントを整理して説明することも大事だね。

また、書いた説明文を読み返してみて、自分の考えや想像したことが書かれていないか、聞く人に伝わりやすい文章になっているか、ということをかくにんしてみましょう。

(2) 写真の中心に写っているのは、男の子と女の子です。したがって、「だれが」は「男の子と女の子」になります。この二人のことは、必ず説明しなければいけない大事なポイントです。

次に、「どこで」、「何をしているのか」を説明しましょう。二人は、ゆかにすわってパソコンの画面をいっしょに見ていますね。

さらに二人の服装《ふくそう》にも注目しましょう。男の子は白色、女の子はむらさき色のTシャツを着ています。

また、二人はどのような表情でパソコンの画面を見ているのでしょうか。その点も説明するとよいでしょう。

書いた文をおうちの人に見せて、写真がイメージできたかどうか聞いてみるとおもしろいよ！

答え

やってみよう

【例《れい》】

(1) 写真の中央には二頭の羊がいます。手前にいる小さな羊はこちらを見ていて、大きな羊は草を食べています。また、少しおくのはなれた場所には、羊がほかにも何頭かいる様子が見えます。牧場にはくいが打ってあり、おくには大きな木がしげっています。遠くには湖も見えます。

(2) 男の子と女の子がゆかにすわって、一つのパソコン画面をいっしょに見ています。男の子は白色、女の子はむらさき色のTシャツを着ています。男の子はおどろいたような表情をしています。女の子もパソコンの画面にきょうみをしめしています。

第9回 漢字・言葉の学習③

考え方

問一　同じ読みで、意味がことなる言葉を「同音異義《いぎ》語」といいます。同じ読みの言葉を書き分けるときには、文の中でどのような意味で使われているのかをとらえるようにしましょう。

問二　同じ訓読みで、意味がことなる漢字についての問題です。**問一**と同じように、文の中での意味を考えるようにしましょう。

(1)会話という意味で「はなす」と書くときは「話す」、放流するという意味で「はなす」と書くときは「放す」と書きます。

同じ訓読みの漢字は、熟《じゅく》語《ご》を思いうかべてみるとわかりやすくなるよ。

(2)人や動物がもといた場所にもどるという意味のときは「帰る」、物事がもとのじょうたいにもどるという意味のときは「返る」と書きます。

(3)ある期間が終わるという意味のときは「明ける」、ひまをつくるという意味のときは「空ける」、とじていたものを開くという意味のときは「開ける」と書きます。

問三　接続語《せつぞくご》の問題では、前の部分とあとの部分をよく読んで、前後のつながりを考えます。

(1)は、「雨がふってきた」ということがらに加えて、「強い風までふいてきた」ということがらが起きたというつながりになっているので、**イ**の「しかも」があてはまります。(2)は、山に行くか、海に行くかという二つのことがらから一つを選ぶというつながりなので、**ア**の「それとも」があてはまります。(3)は、黒色のペンと青色のペンのどちらかを選ぶので、**ウ**の「または」があてはまります。

問四　この問題では、まず、文にふくまれる接続語の部分をつかみます。そのあと、文を二つに分けたときに、二つの文をつなぐのにふさわしい接続語は何かを改《あらた》めて考えるようにしましょう。

(1)は、文にふくまれる接続語の部分は「が」になります。「が」は、前のことがらから予想されることとはちがうことがらがあとにくるときに使われる接続語です。また、文を二つに分けると、「手紙を読んだ」と「内容《ないよう》がよくわからなかった」になります。この二つの文の関係《かんけい》がはっきりするような接続語を考えると、「ところが」「だが」「しかし」などになります。

(2)は、文にふくまれる接続語の部分は「から」になります。「から」は、前のことがらから予想されることをあとでのべるときに使われる接続語です。文を二つに分けると「雨がふっていた」と「外出するのはやめた」になるので、「だから」「そこで」などの接続語を使ってつなぎます。

ロボくんからの問題

次の文の（　）にあてはまる接続語は何かな？記号を○で囲《かこ》もう。

入場料《にゅうじょうりょう》は二百円だ。（　　　）、小学生以下《いか》は無料《むりょう》だ。

ア　ただし　　**イ**　または　　**ウ**　つまり

答え

問一　(1)①児童　②自動　(2)①委員　②医院　(3)①器械　②機械　③機会

問二　(1)①話　②放　(2)①帰　②返　(3)①明　②空　③開

問三　(1)**イ**　(2)**ア**　(3)**ウ**

問四　(1)手紙を読んだ。ところが(だが・しかし)、内容がよくわからなかった。
(2)雨がふっていた。だから(そこで)、外出するのはやめた。

問五　(1)旗　(2)底　(3)印刷　(4)季節　(5)配置　(6)願う　(7)覚える

ロボくんからの問題の答え　**ア**

第10回 物語の読み取り③

考え方

問一 登場人物の行動の理由をとらえる問題です。——①の直前に「そんな思いで」とあるのに注目しましょう。浩一《こういち》はどのような思いで「朱美《あけみ》ちゃんをにらみつけている」のでしょうか。「そんな」は指示語《しじご》なので、前の部分をかくにんしましょう。すると、1～4行目が、浩一が心の中で思っていることだとわかります。朱美をにらみつけているのですから、朱美に対する思いが書かれている部分に注目しましょう。

> だのに、いきなり春風に乗って帰れだなんて……。朱美ちゃんもずいぶんひどいことをいうもんだ。（3～4行目）

この部分を三十字以内でまとめましょう。浩一は、朱美がいきなり、春風に乗って帰れとひどいことを言ったために、朱美をにらみつけていたのです。

——①の近くにある指示語に注意。指示語が指す内《ない》容《よう》をしっかりとおさえよう。

問二 朱美の発言に注目しましょう。

> わたし応急《おうきゅう》手当ての薬も持ってきているし、けがの手当てを先にすませたいのよ。ね、だから、お願い。早く春風に乗って帰って、おばあちゃんにこのこと知らせて！（9～12行目）

この朱美の発言から、設問文の（ A ）・（ B ）にあてはまる言葉を書きぬきましょう。Aは、15行目の「きずの手当て」も正解《せいかい》です。

問三 直後の部分をよく読んで、浩一の気持ちをとらえましょう。

> おじいちゃんは大けがをしているし、動けるのは浩一と朱美ちゃんと春風だけしかいないのだ。

浩一は、春風に乗って帰れと朱美に言われたとき、そんな無理《むり》を言うなんてひどいと思って朱美をにらみつけています。しかし、朱美の意見を聞くうちに、「まよってなんかいる場合じゃないのだ」と、気持ちが変化《へんか》していきます。

「動けるのは浩一と朱美ちゃんと春風だけしかいないのだ」という部分からは、自分が春風に乗って帰らなければならないという浩一の決心が読み取れます。したがって、正解は**イ**です。

ココが大切！
登場人物の気持ちの変化をとらえよう。

問四 本文をよく読んで、朱美のせいかくをとらえましょう。

登場人物のせいかくは、発言や行動から読み取ることができるね。

朱美は浩一にはっきりと自分の意見を言っているので、**ア**の「思ったことを口に出せないことが多く、気が弱い」や、**エ**の「人の意見に流されやすく」は朱美のせいかくとしてあいません。

朱美はおじいちゃんのためにできることをしっかりと考えているので、「自分のことしか考えていなくて」という**イ**もまちがいです。

朱美は、浩一に春風に乗っておばあちゃんにけがのことを知らせるよう指示を出し、けがをしたおじいちゃんのためにてきぱきと行動しています。こうした朱美の発言と行動から、朱美のせいかくは、**ウ**の「落ち着いて行動ができ、しっかりしている」であるとわかります。

答え

問一 朱美がいきなり春風に乗って帰れとひどいことを言ったから。（28字）

問二 A＝けがの手当て／きずの手当て
B＝知らせて

問三 イ

問四 ウ

第11回 説明文の読み取り③

考え方

問一　3行目の「明治時代以降《いこう》は」から続《つづ》く部分をかくにんします。

> 明治時代以降は外国からのぎじゅつが取り入れられ、レンガやコンクリート、工場で作られる新しい材料を使った家もふえました。（3～6行目）

江戸《えど》時代までは「木と土でつくられた家」が中心だったのに対して、明治時代以降は「レンガやコンクリート、工場で作られる新しい材料を使った家」が多くなったのですね。

問二　――②のあとに、木の二つのせいしつについての説明《せつめい》があります。

> 木は、夏は外の熱を中に入れず、冬は中のあたたかさを外ににがさないというせいしつがあります。そして、木はしっ気をすい取ってくれるせいしつもあるのです。（7～10行目）

この部分をもとに、（ a ）～（ c ）にあてはまる言葉を書きぬきましょう。

こういった木のせいしつが、「夏は暑くじめじめして、冬は寒い」（6行目）という日本の気候に合っているからこそ、「木の家は気持ちがいい」（11行目）と筆者はのべているのですね。

問三　まずAについて、設問文が「（ A ）を使わずに」とあることをおさえます。――③の「木の強さやよさを最大限《さいだいげん》に引き出すためのワザ」が用いられるのは、日本の古くからの家づくりの方法である「くぎや金物を使わない伝統的《でんとうてき》な建て方（木組み）」（16～17行目）のときですね。ここで「くぎや金物を使わない」とのべられているので、Aは「くぎや金物」になります。

また、――③のあとの一文が「そのワザとは」で始まっているので、この一文では「ワザ」についてくわしく説明されているとわかります。

> そのワザとは、木と木を組み合わせる所に凹凸《おうとつ》を作り、凸を凹にがっちりとはめて、つなぎ合わせるものです。（23～25行目）

ここから、Bには「つなぎ合わせる」があてはまります。

問四　筆者が宮大工の仕事を「とても大切な仕事」と考えていることは、最後の一文に書かれています。

> 宮大工の仕事は、古い伝統を今に伝え、歴史《れきし》的な建物を未来に残していく、とても大切な仕事です。（35～37行目）

この部分を、三十字以内でまとめましょう。

ココが大切！
理由を答えるときは、答えの最後を「～から。」にしましょう。

一三〇〇年も前から発展《はってん》してきたぎじゅつが、今も使われているんだね。

答え

問一　最初＝レンガやコ　最後＝を使った家
問二　a＝外の熱　b＝中のあたたかさ　c＝しっ気
問三　A＝くぎや金物　B＝つなぎ合わせる
問四　古い伝統を今に伝え、歴史的な建物を未来に残していくから。（28字）

第12回 漢字・言葉の学習④

考え方

問一 漢字は、左右や上下など、いくつかの部分に分けることができます。その分け方のもとになる部分を「部首」といい、部首は位置《いち》によって次のように分けられます。

① へん…「扌（てへん）」「木（きへん）」など

② つくり…「刂（りっとう）」「阝（おおざと）」など

③ かんむり…「宀（うかんむり）」「艹（くさかんむり）」など

④ あし…「心（こころ）」「灬（れんが・れっか）」など

⑤ たれ…「厂（がんだれ）」「疒（やまいだれ）」など

⑥ にょう…「辶（しんにょう）」「走（そうにょう）」など

⑦ かまえ…「口（くにがまえ）」「匚（はこがまえ）」「門（もんがまえ）」など

問二 書かれている部分をみて、思いつく部首をあてはめてみましょう。

(1)の「寸」には、「木（きへん）」のほかに「亻（にんべん）」もあてはまりますが、にんべんはほかの漢字にはあてはまりません。

(2)の「主」は、「注」「柱」「住」など多くの部首があてはまります。「羊」「胡」の部分に共通する部首を考えましょう。

問三 部首をあてはめると、それぞれ「鉄板」「坂道」「夕飯」となります。「木（きへん）」は、木材から作られたものや木の種類《しゅるい》に関係《かんけい》する漢字につく部首です。「土（つちへん）」は、土地や地形に関《かか》わる漢字につく部首です。また、「飠（しょくへん）」は、食べ物や食事に関わる漢字につく部首です。

「飠」は「食」という漢字とは少し形がちがうよ。書くときに、まちがえないように気をつけよう。

問四 1のカードは、部首になる部分です。それぞれの部首の名前は、「走（そうにょう）」「禾（のぎへん）」「亻（にんべん）」「氵（さんずい）」「口（くにがまえ）」「广（まだれ）」「阝（こざとへん）」「心（こころ）」といいます。

問五 漢字のしりとりの問題です。同じ漢字が上の□と下の□には入りますが、音読みと訓読《くん》みのどちらで読むか注意しましょう。また、(2)は、「談」のほかに「手」でもつながります（「相手」→「手話」）。「談」と「手」の、どちらの漢字を答えても正解です。

答え

問一 (1) 門・もんがまえ　(2) ⺮・たけかんむり

問二 (1) 木　(2) 氵　(3) 艹

問三 (1) 板　(2) 坂　(3) 飯

問四 起・秒・住・泳・固・康・階・息（順《じゅん》不同《ふどう》）

問五 (1) 物・物・育・育　(2) 談（手）・談（手）・題・題　(3) 暗記・記号　(4) 整理・理科　(5) 幸運・運転

問六 (1) 孫　(2) 給食　(3) 結果　(4) 参加　(5) 最後　(6) 包む　(7) 伝える

4年生 まとめテスト 答えと考え方

国語

答え

《表》

得点《とくてん》 100／100点

❶ 次の□には漢字を書きなさい。また、（　）には送りがなを書きなさい。（各《かく》4点）

(1) 印《しるし》をつける。
印 ―― はねる。

(2) 美しい風《ふう》景《けい》をながめる。
景 ―― はねる。

(3) 書《しょ》類《るい》をじゅんびする。

(4) 課《か》題《だい》を提出《ていしゅつ》する。

(5) 会社で働《はたら》（く）。
働（く） ―― 送りがなに注意。

❶の得点 20／20

❷ 次の問いに答えなさい。

問一 次の(1)・(2)の文の（　）にあてはまる言葉を、――の言葉に注意してあとの□から一つずつ選《えら》び、（　）に書きなさい。（各5点）

(1) （たとえ）うそでも、相手にひどいことを言ってはいけない。

(2) （どうして）遊びに行かなかったのか。

ところが ・ たとえ ・ どうして ・ どうか

問二 次の(1)・(2)の言葉と反対の意味の言葉を、それぞれ漢字で書きなさい。（各5点）

(1) 不要《ふよう》 ⇕ 必要

(2) 有利《ゆうり》 ⇕ 不利

問三 次の(1)・(2)の言葉とにた意味の言葉を、あとの□の中から一つずつ選び、（　）に書きなさい。（各5点）

(1) 長所 ＝ 美点

(2) 成長 ＝ 生育

生育 ・ 変化《へんか》 ・ 美点 ・ 効果《こうか》

❷の得点 30／30

考え方

❶ 漢字は、トメ・ハネ・はらいなどの細かい部分に気をつけて、ていねいに書くようにしましょう。

❷

問一 組みになって使われる言葉の問題です。――の言葉に注意して、正しいつながりの文になるような答えを選びます。

問二 答えの「必要《ひつよう》」「不利《ふり》」は、すべて四年生で習う漢字なので、しっかり書けるようにしておきましょう。

問三 (1)「長所」とは、「物事の特《とく》にすぐれているところ」という意味で、にた意味の言葉は「美点」です。

(2)「成長」とは、「生き物や植物が育って大きくなること」という意味なので、にた意味の言葉は「生育」です。

❸

問一 7～11行目の先生の発言に注目して、先生が波《なみ》に言ったことをとらえましょう。「休まないようにね」「きそく正しい生活をすることはだいじよ」とあることから、**ア・ウ**が正解《せいかい》です。**イ・エ**のような内容《ないよう》は問題文には書かれていませんね。

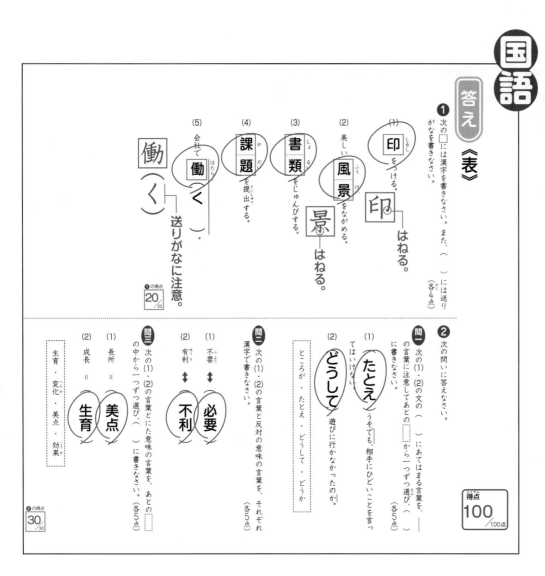

《うら》

❸ 次の文章を読んで、あとの問いに答えなさい。（50点）

のぞみ塾《じゅく》にくるのは、きょうで二日目だった。

はじめての日、お母さんと波《なみ》は、四年生の算数を受けもっている大橋《おおはし》先生と話した。「だいじょうぶですよ、四年生ですもの。まだまだ時間はたっぷりあります」と、①赤いイヤリングの先生はにっこりわらった。

「でも休まないようにね。休むと、わかりかけていたところが、わからなくなるし、それにきそく正しい生活をすることはだいじよ。家でも、朝起きる時間と夜ねる時間を決めて、きちんと生活するのよ。テレビを見すぎないようにね」

「はい」波は返事をした。

「勉強で、わからないことがあったら、なんでも質問《しつもん》してください」

先生は、いままで行っていた未来塾《みらいじゅく》の、ぎょろりとした目でおこったように生徒《せいと》を見ていた三沢《みさわ》先生とは、ぜんぜんちがっていた。チェックがらのスーツを着て、なんだかお金持ちそうに見えた。お母さんにやさしくほほえみかけ、波にもほほえみかけた。

けれど、問題は、未来塾とは*けたちがいにむずかしかった。パズルのようだった。

算数はわからない。算数の文章問題を考えようとすると、頭がごちゃごちゃしてしまうのだ。

②それは学校でもおなじだった。ほかの子がすぐにこたえられる問題でも、波はいつも答えにつまってしまう。「自分の考えを言ってみて」と先生に言われると、とたんに自分の考えなどないような気がしてくる。先生は質問をかえて、もっとやさしい問題にしてくれる。でも、みんなが自分のほうを見ていると思うだけで、なにをこたえればいいのか、もうわからなくなってしまう。先生はさらに質問をかんたんにする。一年生か二年生の子がわかるような問題に。先生は波になにかこたえさせたいのだ。それはわかる。それがわかっても、波にはこたえられない。③波がだまったまま立《た》ち往生《おうじょう》していると、ほかの子たちが、はい、はいと手をあげはじめる。④先生はじっと波を見つめる。波は早くすわりたいと、そればかり考える。しばらくしてから、ようやく先生は「いいわ、すわって」と言ってくれる。波はほっとする。

どうすればみんなとおなじようにできるのかなと思う。自分の意見を言ったり、いろんな友だちと遊んだり、競争《きょうそう》したり、じょうだん言ったり、みんな、どうしてそんなことがすいすいできるんだろう。

岩瀬成子《いわせじょうこ》『そのぬくもりはきえない』（偕成社刊《かいせいしゃかん》）

*けたちがい＝くらべものにならないほど差《さ》が大きいこと。

問一 ——①、先生が波に言ったこととしてあうものを次の中から二つ選《えら》び、記号を○で囲《かこ》みなさい。（10点）

㋐ 塾を休まないようにすること。
イ 積極的《せっきょくてき》に発言するようにすること。
㋒ きそく正しい生活をすること。
エ 勉強以外《いがい》のことを考えないこと。

ここに注目。

問二 ——②、波は、どのようなところが学校とおなじだと思ったのですか。文中の言葉を用いて三十五字以内で書きなさい。（10点）

算数の文章問題を考えようとすると、頭がごちゃごちゃしてしまうところ。

こそあど言葉→前の内容《ないよう》に注目。

問三 ——③は、波のどのような様子を表しているのですか。次の中から一つ選び、記号を○で囲みなさい。（10点）

ア 先生に質問ばかりされてうんざりしている様子。
イ 周《まわ》りの人が助けてくれないのでおこっている様子。
ウ 教室から飛《と》び出《だ》してにげだそうとしている様子。
㋓ 何をこたえればいいのかわからずこまっている様子。

問四 ——④、このとき波はどのようなことを考えていますか。文中の言葉を用いてかんたんに書きなさい。（10点）

早くすわりたいということ。

ここに注目。

問五 波は、どのようなことになやんでいるのですか。「みんなが当たり前にやっていることを、」に続《つづ》く形で二十五字以内で書きなさい。（10点）

みんなが当たり前にやっていることを、どうすれば自分もおなじようにできるのかということ。

ここに注目。

❸の得点 50/50

問二 「それ」の指す内容をとらえましょう。「それ」は、直前の段《だん》落《らく》の内容を指しています。

算数はわからない。算数の文章問題を考えようとすると、頭がごちゃごちゃしてしまうのだ。（22〜23行目）

この内容を、三十五字以内でまとめましょう。文末《ぶんまつ》は、「〜ところ。」とするようにします。

問三 「立ち往生《おうじょう》」は、動きがとれないでいる様子を表す言葉です。波は、先生が質問《しつもん》をかんたんにしてなんとか波にこたえさせようとしていることはわかるのに、質問にこたえることができずに、固《かた》まって動けなくなってしまっているのです。したがって、正解は**エ**です。

問四 ——④の直後の一文に注目しましょう。

波は早くすわりたいと、そればかり考える。

ここから、波が考えていたのは、「早くすわりたい」ということだとわかります。

問五 最後《さいご》の四行に注目しましょう。ここに波がなやんでいることが書かれています。みんなが当たり前のようにすいすいできていることを自分ができないことに対して、波は「どうすればみんなとおなじようにできる」のかとなやんでいるのです。

また、「自分はみんなとおなじようにできないということ。」のようにまとめても正解です。

答え

得点《とくてん》 100／100点

❶の得点 35／35

❶ 春休みに愛媛《えひめ》県へ旅行に行く計画を立てています。次の地図を見て，下の問いに答えなさい。（35点）

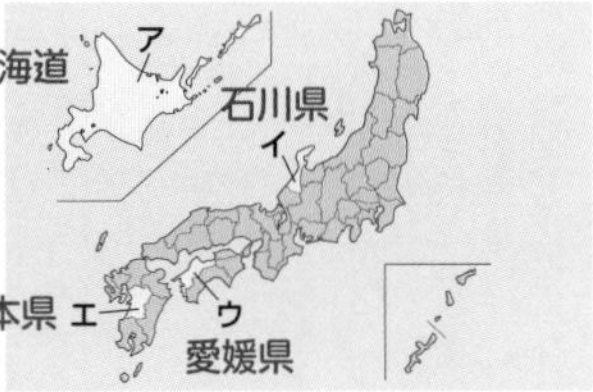

（1）愛媛県はどこにありますか。地図中の**ア**～**エ**の中から１つ選《えら》び，記号を書きなさい。（5点）

（ウ）

（2）（1）の都道府県《とどうふけん》庁《ちょう》所在地名《しょざいちめい》を書きなさい。（10点）

（松山《まつやま》市）

（3）愛媛県の北側《きたがわ》には広島《ひろしま》県，西には大分《おおいた》県があります。それぞれあてはまる地方区分を書きなさい。（1つ10点）

広島県（中国《ちゅうごく》）地方

大分県（九州《きゅうしゅう》）地方

❷の得点 15／15

❷ トラックでしゅう集したごみは，最後《さいご》はしょぶん場にうめ立てられます。次の問いに答えなさい。（15点）

（1）しょぶん場に行かないごみを，次の**ア**～**ウ**の中から１つ選び，記号を書きなさい。（5点）

ア　もえるごみ　　**イ**　もえないごみ

ウ　しげんごみ

（ウ）

（2）昔にくらべてごみの量《りょう》がふえたことで，ごみをへらそうとする取り組みが，さかんに行われるようになりました。このように，ごみをへらさないといけない理由について，「しょぶん場」という言葉を使って書きなさい。（10点）

（しょぶん場がいっぱいになってしまうから。）

❸の得点 20／20

❸ わたしたちは川の水を生活用水として利用《りよう》しています。次の問いに答えなさい。（20点）

（1）雨は川になり海に流れこみます。川の水を飲めるようにするためのしせつの名前を書きなさい。（5点）

（じょう水場）

（2）使った水はあるしせつできれいにしてから，川や海に流しています。このしせつの名前を書きなさい。（5点）

（下水しょり場（下水しょりしせつ））

（3）昔の人は農業などに使う水を川から引く用水をつくりました。用水は土地のかたむきを利用してつくられています。上の地図を見て，水が流れる方向として正しいものを**ア**・**イ**から選び，記号を書きなさい。（10点）

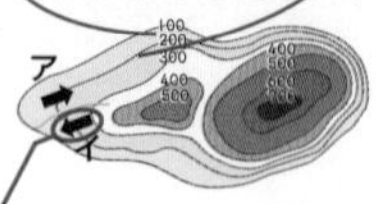

（イ）

水は高いところから低いところへ流れる。

❹の得点 30／30

❹ 日本は地震《じしん》の多い国です。次の問いに答えなさい。（30点）

（1）地震にそなえて家庭でできる取り組みとしてまちがっているものを，次の**ア**～**エ**の中から１つ選び，記号を書きなさい。（10点）

ア　数日分の水や食料《しょくりょう》を保管《ほかん》する。

イ　ハザードマップできけんな場所をかくにんする。

ウ　防災計画《ぼうさいけいかく》を立て，防災会議《ぼうさいかいぎ》を開く。

エ　家族で防災訓練《ぼうさいくんれん》に参加《さんか》する。

（ウ）

（2）大きな地震が起こったときに，県の求《もと》めて出動し，救助活動《きゅうじょかつどう》を行う国の機関《きかん》を，次の**ア**～**ウ**の中から１つ選び，記号を書きなさい。（10点）

ア　自主防災組織《じしゅぼうさいそしき》　　**イ**　自衛隊《じえいたい》　　**ウ**　気象庁《きしょうちょう》

（イ）

（3）海のそばに建《た》てられ，住民《じゅうみん》が津波《つなみ》から一時的にひなんするための建物《たてもの》の写真に○をつけなさい。（10点）

津波ひなんタワー（○）

たい震《しん》工事をした建物（　　）

防災倉庫《ぼうさいそうこ》（　　）

考え方

❷（2）ごみの量《りょう》がふえて「しょぶん場」が「いっぱい」になることが書けていれば○です。また，ごみの量が「しょぶん場」よりも「多くなる」ことを書いても○です。

《答えの例《れい》と○つけの仕方》

○ 10点

「しょぶん場がまんたんになるから。」

「ごみの量がしょぶん場よりも多くなってしまったから。」

△ 5点

「いっぱいになるから。」

「しょぶん場」という言葉を使いましょう。

「しょぶん場が小さいから。」

ふえてきたごみの量に対してしょぶん場が足りないことをはっきり書きましょう。

× 0点

「しょぶん場がないから。」

しょぶん場はありますが，ごみの量がふえて，しょぶん場がいっぱいになってきたのですね。

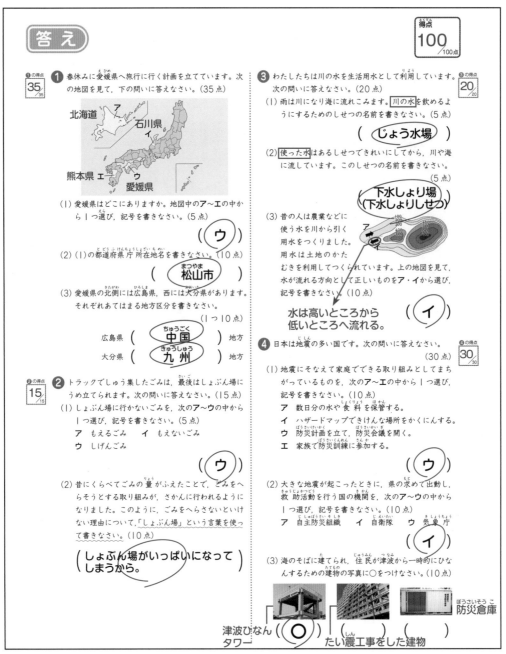

答え

得点《とくてん》 100／100点

❶の得点 20／20

1 次の①～④は，おもに，春，夏，秋，冬のどの季節《きせつ》に見られる生き物のようすですか。「春」・「夏」・「秋」・「冬」のどれかを書きなさい。なお，同じ季節は２回以上《いじょう》使えないものとします。（各《かく》５点）

① カブトムシが成虫《せいちゅう》になる。
② ヘチマの実がじゅくし，中にたねができる。
③ サクラの葉がすべて落ちる。
④ ツバメが南の国から日本にやってくる。

①（夏）　②（秋）
③（冬）　④（春）

❷の得点 20／20

2 人のからだについて書かれた次の**ア**～**エ**の文のうち，正しいものには「○」を，まちがっているものには「×」を書きなさい。（各５点）

ア ひざには関節《かんせつ》がある。
イ 一つひとつのほねは，とちゅうで曲がらない。
ウ うでにはきん肉がない。
エ うでを曲げると，うでのほねがちぢむ。

うでを動かすときは，ほねはちぢまず，きん肉がゆるんだりちぢんだりする。

ア（○）　イ（○）
ウ（×）　エ（×）

❸の得点 10／10

3 次のグラフは，ある日の気温の変化《へんか》を表したものです。この日の雲のようすはどうだったと考えられますか。下の**ア**～**エ**の中から１つ選《えら》び，記号を書きなさい。

（10点）

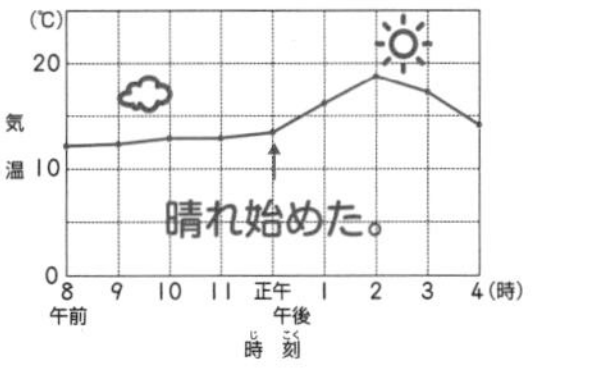
(℃)
20
気温 10
0
8 9 10 11 正午 1 2 3 4(時)
午前 午後
時刻
晴れ始めた。

ア 午前は雲が少なかったが，午後になって雲がふえた。
イ 午前は雲が多かったが，午後になって雲がへった。
ウ 午前も午後も雲が多かった。
エ 午前も午後も雲が少なかった。

（イ）

❹の得点 15／15

4 ジャムのびんのふた（金ぞくでできたもの）がかたくて開かないとき，ふたを湯であたためるとかんたんに開けることができます。その理由を書きなさい。

（15点）

（ふたが大きくなるから。）

金ぞくをあたためると，体積《たいせき》が大きくなる。

❺の得点 10／10

5 水を，温度をはかりながら冷《ひ》やしていくと，次のグラフのように温度が変化しました。冷やし始めてから水がすべて氷になるまでに，何分かかりましたか。下の**ア**～**ウ**の中から１つ選び，記号を書きなさい。（10点）

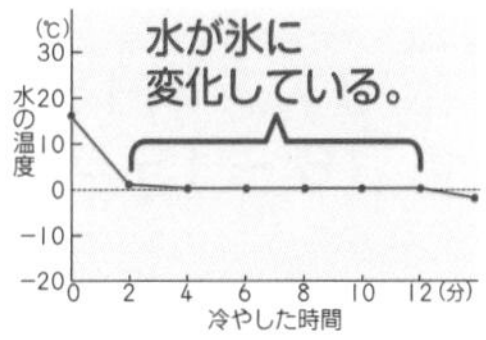
(℃)
30
水の温度 20
10
0
−10
−20
0 2 4 6 8 10 12(分)
冷やした時間
水が氷に変化している。

ア ２分　**イ** ７分　**ウ** 12分

（ウ）

❻の得点 15／15

6 次の図にあるものをすべて使って，できるだけモーターがはやく回るように回路《かいろ》をつくりなさい。（15点）

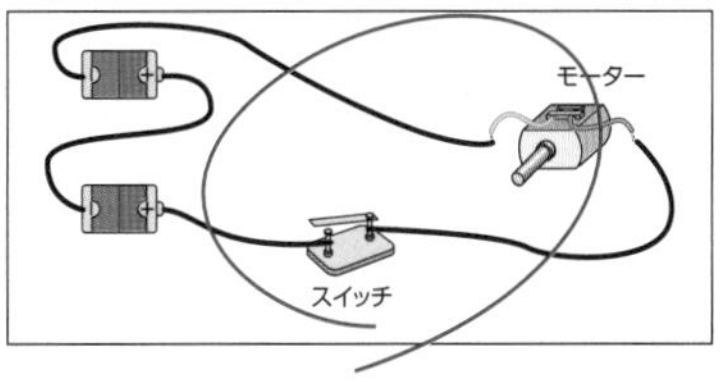
モーター
スイッチ

❼の得点 10／10

7 右の図は，北の夜空の星を表しています。約《やく》２時間後の星の位置《いち》として正しいものを次の**ア**～**ウ**の中から１つ選び，記号を書きなさい。（10点）

北斗七星
北極星

ほとんど動かない。

ア

イ
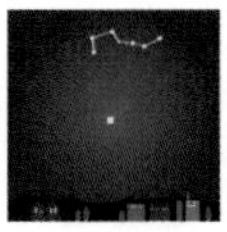

ウ

（イ）

考え方

6 かん電池２本が直列《ちょくれつ》つなぎで，スイッチとモーターもふくめてつないであれば正解《せいかい》です。

《答えの例《れい》と○つけの仕方》

○ 15点　かん電池が直列つなぎになっている。

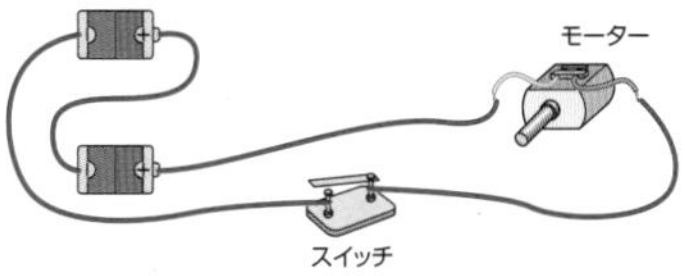
モーター
スイッチ

△ 10点　スイッチをつないでいない。

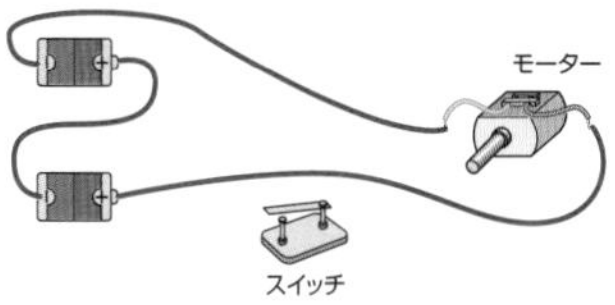
モーター
スイッチ

× 0点　かん電池がへい列《れつ》つなぎになっている。

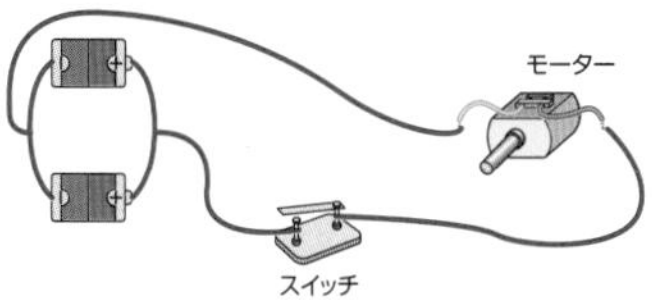
モーター
スイッチ

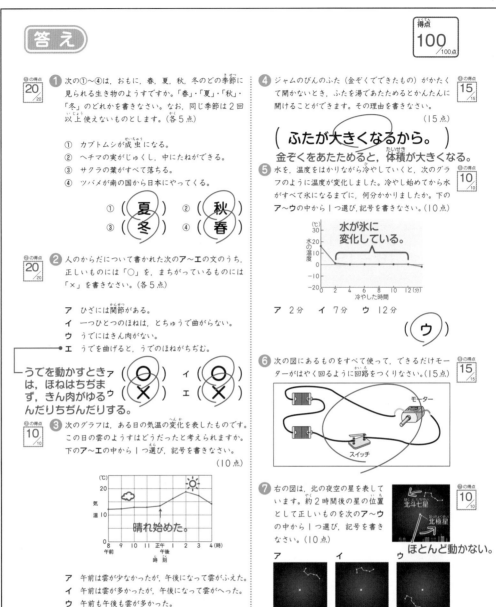

答え 《うら》

②の得点 20/20

2 次の問いに答えなさい。

(1) はるなさんの家から駅までは 1.83km あります。ある日，駅へ向かって歩いているときに，家から 0.48km のところでわすれ物をしたのに気づきました。そこで，わすれ物を取りに家まで歩いてもどり，また駅まで歩きました。はじめに家を出てから駅に着くまでにはるなさんは全部で何 km 歩きましたか。（式５点・答え５点）

[式] 0.48 + 0.48 = 0.96
0.96 + 1.83 = 2.79

答え（2.79km）

(2) 東公園は，たてが 3km，横が 5km の長方形の形をしていて，西公園は１辺が 4km の正方形の形をしています。どちらの公園のほうがどれだけ広いですか。（式５点・答え５点）

[式] 3 × 5 = 15　　4 × 4 = 16
16 − 15 = 1

答え（　西　）公園のほうが（　1　）km^2 だけ広い。

③の得点 10/10

3 下の表は，やすしさんの組で，なすとにんじんが好《す》きかきらいかを調べたものです。（各５点）

好き・きらい調べ

番号	1	2	3	4	5	6	7	8	9	10	11	12	13	14	15	16	17	18	19	20	21	22	23	24	25	26	27	28
なす	○	○	×	○	×	○	○	×	×	○	×	○	×	○	○	○	×	○	×	○	○	×	○	×	○	○	×	○
にんじん	×	○	○	○	×	○	×	○	×	○	○	○	○	×	○	○	○	○	×	○	×	○	×	○	○	×	○	○

○…好き　×…きらい

(1) なすがきらいな人は何人ですか。

（ 11人 ）

(2) にんじんだけ好きな人は何人ですか。

（ 8人 ）

④の得点 15/15

4 右の図で，辺**アエ**と辺**イウ**は平行です。次の問いに答えなさい。（各５点）

(1) 四角形**アイウエ**は何という四角形ですか。

（ 台形 ）

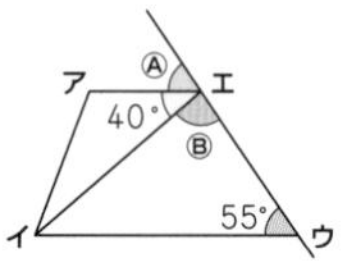

(2) Ⓐ，Ⓑの角度を，分度器《ぶんどき》を使わないで求《もと》めなさい。

Ⓐ：（ 55° ），Ⓑ：（ 85° ）

2 (1) わすれ物を取りに家までもどってきたときまでに歩いた道のりは，

0.48km + 0.48km = 0.96km

その後，また駅まで歩いたので，歩いた道のりは全部で

0.96km + 1.83km = 2.79km

(2) 東公園の面積と西公園の面積をそれぞれ求めて，くらべます。

東公園の面積は，3 × 5 = 15(km^2)，西公園の面積は，4 × 4 = 16(km^2)

したがって，西公園のほうが $16km^2 - 15km^2 = 1km^2$ だけ広いことがわかります。

3 (1) なすについて，×の数を数えます。

(2) なすはきらいで，にんじんは好きと答えた人の数を数えます。

4 (1) 向かい合う１組の辺だけが平行な四角形は，台形です。

(2) 平行な２本の直線は，ほかの直線と等しい角度で交わるので，角Ⓐは 55° になります。また，半回転の角の大きさは 180° です。

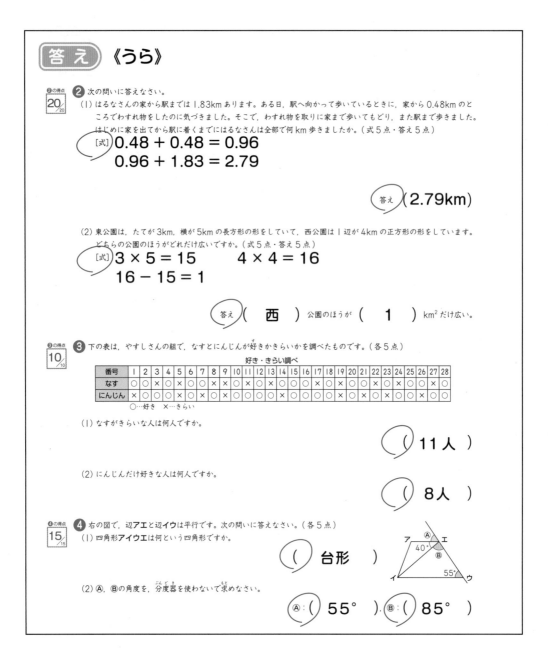

算数

答え《表》

得点《とくてん》 100／100点

❶の得点 55／55

❶ 次の問いに答えなさい。

(1) 次の計算をしなさい。(各《かく》5点)

① 4542 ÷ 6 = **757**

```
   757
6)4542
  42
   34
   30
    42
    42
     0
```

② 632 ÷ 79 = **8**

```
     8
79)632
   632
     0
```

③ 1.3 + 2.752 = **4.052**

```
   1.3
+ 2.752  ← 位をそろえて書く。
  4.052
```

④ 5.478 − 3.868 = **1.61**

```
  5.478
− 3.868
  1.610
```

⑤ $2\frac{5}{6}+1\frac{1}{6}$ = **4**

↑ $3\frac{6}{6}$

⑥ $4-2\frac{3}{8}$ = **$1\frac{5}{8}$ $\left(\frac{13}{8}\right)$**

↑ $3\frac{8}{8}$ と考えて計算する。

⑦ 3.25 × 606 = **1969.5**

```
    3.25
  × 6 06
   19 50
 1950
 1969.50
```

⑧ 50.4 ÷ 9 = **5.6**

```
   5.6  ← 小数点をわすれずに書く。
9)50.4
  45
   5 4
   5 4
     0
```

(2)「八十三兆《ちょう》七十億《おく》五千二百万」を数字で書きなさい。(5点)

あいている位には0を書く。

(**83007052000000**)

(3) 次の数を四捨五入《ししゃごにゅう》して，(　　)の中の位《くらい》までのがい数にしなさい。(各5点)

① 44862 (一万) ← 千の位を四捨五入する。

(**40000**)

② 308125 (上から2けた) ← 千の位を四捨五入する。

(**310000**)

考え方

❶ (1) ①，② 商をたてる位に注意しましょう。

③，④ 位をそろえて書くことに注意します。

⑤ 答えの分数が整数に直せるときは，整数に直しておきましょう。

⑥ 4を$3\frac{8}{8}$と考えて計算します。

⑦，⑧ 小数点がない場合と同じように計算してから，かけられる数，わられる数にそろえて小数点をうちます。

(2) 右から4けたごとに区切って考えます。

八十三兆	七十億	五千二百万	
83	0070	5200	0000

(3) ① 一万の位までのがい数にするので，千の位を四捨五入します。

② 上から2けたまでのがい数にするので，上から3つ目の位の千の位を四捨五入します。

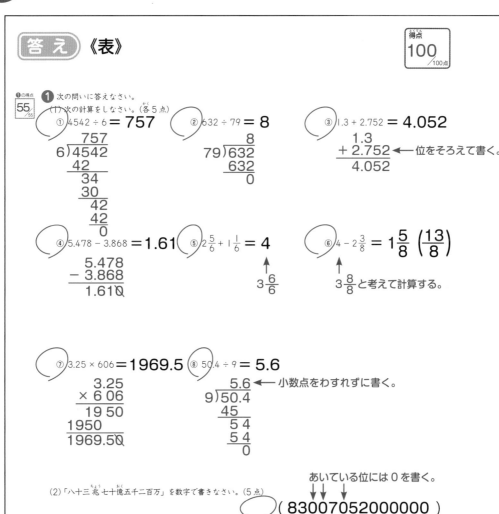

第3回 都道府県《とどうふけん》と県の広がり

答え

❶ (1) 記号　**ウ**

　都道府県庁所在地名　名古屋《なごや》市

(2) ① 近畿《きんき》地方　② 九州《きゅうしゅう》地方

❷ (1) **ウ**　(2) **ア**, **イ**

❸ (1) **ウ**

(2) ① **ア**　② **エ**　③ **ウ**

(3) ① **エ**　② **イ**　③ **ア**

考え方

❶ 全国の都道府県についての問題です。

(1) **ア**は青森《あおもり》県, **イ**は新潟《にいがた》県, **ウ**は愛知《あいち》県, **エ**は岡山《おかやま》県, **オ**は徳島《とくしま》県です。この中で都道府県名と都道府県庁所在地名とがちがうのは, **ウ**の愛知県です。

愛知県の県庁所在地は名古屋市です。

❷ 伝統的《でんとうてき》な工業についての問題です。

(1) 備前《びぜん》市では焼《や》き物《もの》の材料《ざいりょう》にふさわしい土や, ねん料にできる松《まつ》の木があったことから焼き物がさかんになりました。写真は「備前《びぜん》焼《やき》」という焼き物です。よって, **ウ**が正解です。

アの織物《おりもの》には西陣織《にしじんおり》（京都府《きょうとふ》）, **イ**のそめ物には琉球《りゅうきゅう》びんがた（沖縄《おきなわ》県）, **エ**のぬり物（しっ器）には輪島塗《わじまぬり》（石川《いしかわ》県）などがあります。

(2) **ア**　伝統的な工業は各地《かくち》の特色を生かして発達しました。**ア**は正解《せいかい》です。

イ　伝統的工芸品は, 地いきの人をはじめ, 多くの人に親しまれて今まで伝わってきました。**イ**も正解です。

ウ　現代《げんだい》の生活に使いやすいように, また使う人の好《この》みや必要《ひつよう》に合わせて作っています。よって**ウ**はまちがいです。

エ　伝統的な工業は, 昔からのぎじゅつを持った職人《しょくにん》によって手作りで一つひとつ作られています。よって**エ**はまちがいです。

❸ 神奈川県を例《れい》にした, 地図の読み取りなどについての問題です。

(1) 地図は上が北, 下が南, 右が東, 左が西です。

ア　東側《ひがしがわ》は東京湾《とうきょうわん》, 南側は相模湾《さがみわん》に面しているので, **ア**は○です。

イ　**地図㋐**より, 県の西側は ■ で表されており, 山地が広がっていることがわかるので, **イ**は○です。

ウ　**地図㋐**より, 県の南東部にある三浦《みうら》半島の南側は ■ で表されており, 田や畑が広がっていることがわかります。工場は川崎《かわさき》市や横浜《よこはま》市の東京湾ぞいに見られます。よって, **ウ**は×です。

エ　**地図㋑**を見ると, 県の東側が土地が低いことがわかります。この地いきを**地図㋐**でかくにんすると, ■ の住宅や商店が広がっていることがわかります。よって, **エ**は○です。

(2) ①は森林でおおわれた山々が写っています。森林が広がる**ア**の地点の様子です。

②は港が写っています。海ぞいの**エ**の地点の様子です。③はキャベツ畑が写っています。田や畑が広がる**ウ**の地点の様子です。

(3) 横浜市は, 江戸時代《えどじだい》に外国とぼうえきをするために開かれた横浜港を中心に発展《はってん》した港町です。中華街《ちゅうかがい》があるなど, げんざいも多くの外国人が住んでいます。また, 横浜市はアメリカ合衆国《がっしゅうこく》のサンディエゴ市やフランスのリヨン市などと姉妹・友好都市の関係を結び, 国際交流《こくさいこうりゅう》を行っています。

第2回 今と昔／自然災害《しぜんさいがい》へのそなえ

答え

❶ (1) **ア**

(2) ほる道具　**ア**，**ウ**

運ぶ道具　**イ**，**エ**

❷ **イ**，**エ**

❸ ① **イ**　② **ア**　③ **エ**

❹ (1) 防災倉庫《ぼうさいそうこ》

(2) **ウ**

(3) ① ○　② ○　③ ×

考え方

❶ (1) 等高線のはばがせまいと土地のかたむきは急で，はばが広いと土地のかたむきはゆるやかです。問題の図では，等高線のはばが**ア**の方がせまいので，**ア**の道の方がかたむきが急なことがわかります。

(2) 昔の工事では**ア**のひらぐわや**ウ**のびっちゅうぐわで土をほり，たわらに土や石をつめて土手をつくりました。

ほった土は，**イ**のもっこや**エ**のさどみで運びました。土をほるのに向いている形と土を運ぶのに向いている形を，道具の形から考えましょう。

❷ **イ**　昔の祭りは今も各地《かくち》に残《のこ》り行われています。よって**イ**はまちがいです。

エ　節分《せつぶん》は，豆をまいて悪いものを追いはらい，新しい年の幸せを願《ねが》う行事で２月３日に行います。

女の子の成長《せいちょう》を願う行事は，ひな祭りといい，３月３日に行います。よって**エ**もまちがいです。

わたしの家ではひな祭りに毎年，ひな人形をかざるよ。

❸ ① 大きな地震《じしん》が起こると，はげしいゆれで建物《たてもの》がたおれたり，火事が発生したりすることがあります。また，震源《しんげん》が海の中にあると，津波《つなみ》が発生し，大きなひ害《がい》が出ることもあります。

② １度にたくさんの雪がふると，除雪《じょせつ》（雪を取りのぞくこと）が間に合わず，道路が通行止めになる，車が動けなくなるなどのひ害が出ることがあります。このような雪による災害を，雪害といいます。

③ 大雨になると，川から水があふれてこう水になったり，土砂《どしゃ》くずれが起こったりして，家や農作物にひ害が出ることがあります。このような災害を，風水害といいます。

❹ (1) 公園や学校に置《お》かれた防災倉庫には，水や食料《しょくりょう》，発電機《はつでんき》，毛布《もうふ》，テントなどの防災用品が保管《ほかん》されています。市や地いきの自《じ》治会《ちかい》などによって定期的に点検《てんけん》され，防災用品がいつでも使えるようにじゅんびされています。

(2) 災害の発生が予想されるときや災害時には，市は防災無線《ぼうさいむせん》やテレビ，ラジオ，けい帯電話《たいでんわ》のメールなど，さまざまな方法《ほうほう》で注意やひなんをよびかけます。さまざまな方法でじょうほうを発信《はっしん》することで，多くの市民《しみん》に確実《かくじつ》にじょうほうが伝《つた》わるようにしています。

(3) 標識《ひょうしき》を見ると，ひなん場所となっているこの公民館は，土石流《どせきりゅう》とがけくずれ・地すべりに×がついています。大雨などで土砂災害《どしゃさいがい》が予想されるときには，ひなんする場所としてふさわしくないことがわかります。

第1回 ごみのしまつ／水道のしくみ

答え

❶ (1) せいそう工場（クリーンセンター）
(2) **ア**，**オ**
(3) リサイクル
(4) **エ**

❷ (1) 電気　(2) **イ**，**エ**
(3) 例）きれいな水をつくるところ。
安心して飲める水をつくるところ。
(4) ① ×　② ○　③ ×

考え方

❶ ごみのしまつやリサイクルについての問題です。

(1) もやすごみは，せいそう工場に運ばれて，もやされます。ごみをもやして出たはいは，しょぶん場に運ばれます。

ごみをもやしたときに出る熱は温水プールなどに，利用《りよう》されているんだよ。

(2) びん，ざっし，だんボール，かん，ペットボトル，新聞は分別《ぶんべつ》することで，しげんごみとして，しゅう集されます。**ア**のそ大（大《おお》型《がた》）ごみ，**オ**の生ごみはしげんごみとしてしゅう集されません。

(3) しげんごみを再利用《さいりよう》して新しい製品《せいひん》をつくることをリサイクルといいます。

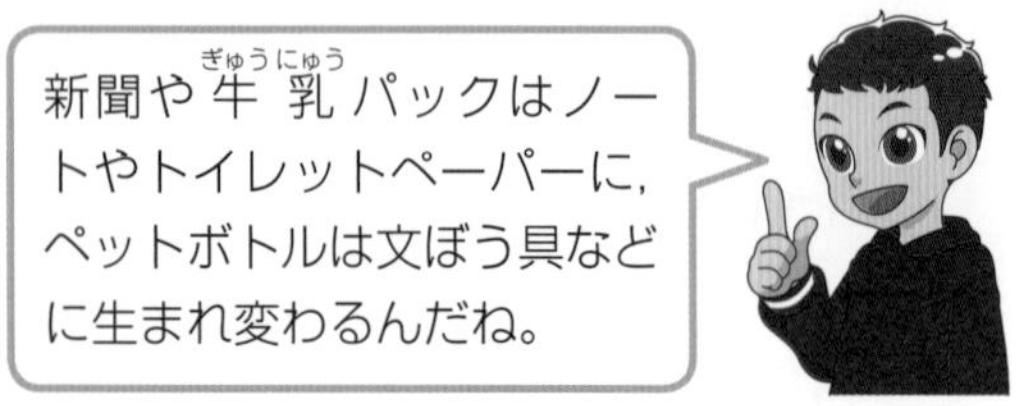
新聞や牛乳《ぎゅうにゅう》パックはノートやトイレットペーパーに，ペットボトルは文ぼう具などに生まれ変わるんだね。

(4) **ア**　容器《ようき》のごみをへらすことができます。

イ　ものをつくるときに出るごみをできるだけへらそうとする工場の取り組みです。ゼロエミッションといいます。

ウ　スーパーマーケットのレジぶくろのごみをへらせます。

エ　かんきょうを守るための取り組みですが，ごみをへらす活動ではありません。

オ　生ごみをたいひ（ひりょう）にできるため，家庭から出るごみをへらせます。

よって**エ**がごみをへらす活動にあてはまりません。

❷ (1) 水を流すときのいきおいを利用して電気をつくります。

ダムは川の水の量《りょう》を調節《ちょうせつ》し，水不足《みずぶそく》にそなえて必要《ひつよう》な量だけ水を流しています。

(2) **ア**は下水しょりしせつの役割《やくわり》です。

ウは水のじゅんかんについての説明《せつめい》です。海の水は水じょう気になって雲をつくり，雨や雪になって陸地《りくち》にふり，川になって海にそそぎます。

イ・エ　森林がある山は雨水や雪どけ水を地中にたくわえ，ゆっくりと川に流しています。また，森の木が根をはって，土が流れ出すのをふせぎます。

森林は大切な役割をしているんだね。

(3) じょう水場は，川から取り入れた水を安心して飲めるように，きれいにする場所です。きれいにした水は，水道管《すいどうかん》を通じて，家庭や学校などに送られます。

(4) ①は×です。2005年の「1年間に使う水の量《りょう》」よりも，2018年の方が多くなっています。

②は○です。折れ線グラフは，ずっと右上がりになっています。

③は×です。人口の折れ線グラフがずっと右上がりなのに対し，1年間に使う水の量のぼうグラフは下がることもあります。

第3回 水／電気／月と星

答え

❶ (1) **ア**

(2) ① じょう発《はっ》　② 雲

③ 雨や雪

❷ (1) **ウ**

(2) **イ**

(3) **エ**

❸ (1) **ア**

(2) 星ざ…オリオン（ざ）

赤色の１等星…ベテルギウス

(3) **ア**

考え方

❶ (1) 水を冷やしていくと，0℃でこおり始め，氷になると体積が大きくなります。氷の重さはもとの水とかわりません。

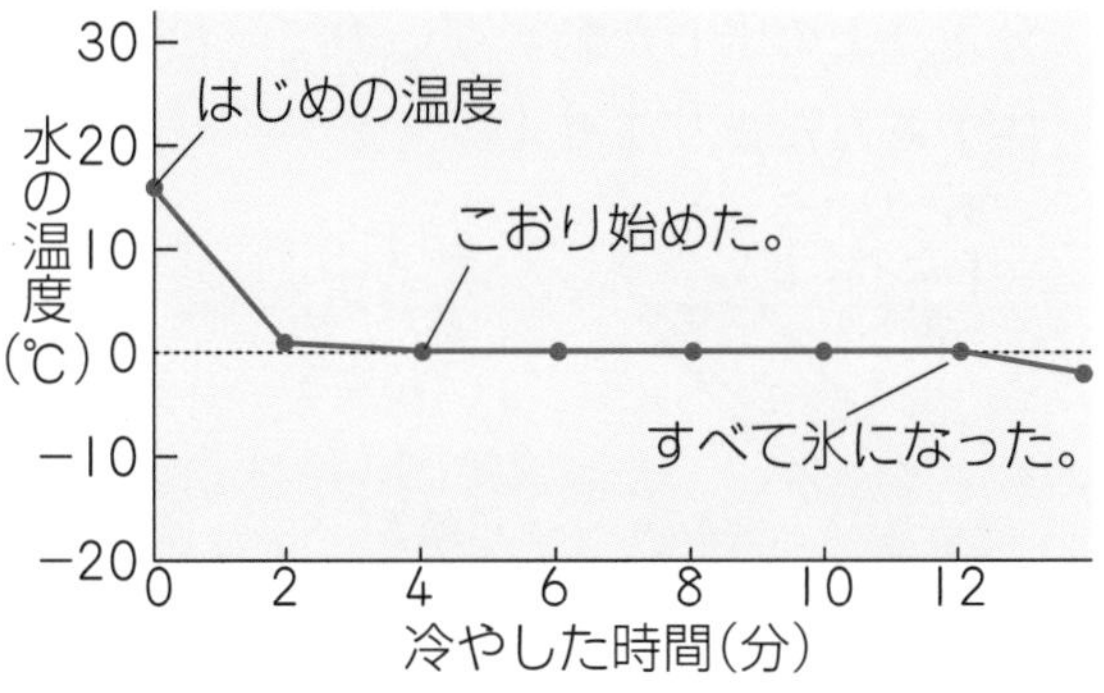

(2) 水は次の図のようにして，自然の中をめぐっています。

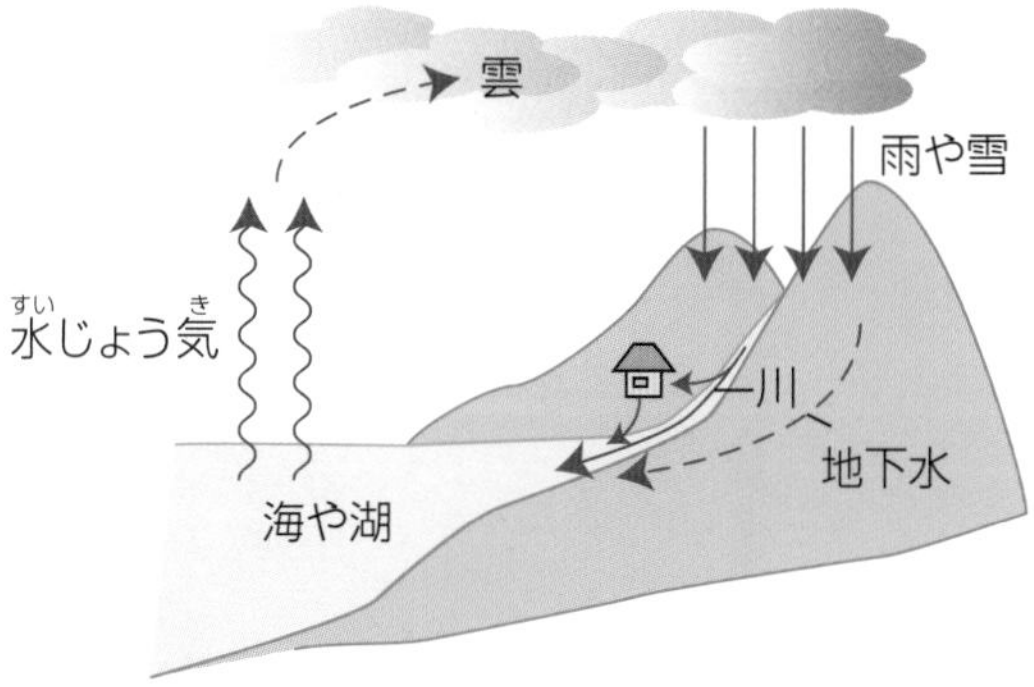

① 海や湖だけでなく，川やしめった地面などからも，たえず水がじょう発しています。

② 空気中の水じょう気が，空の高い所で冷やされて小さな水や氷のつぶになったものが「雲」です。

③ 氷のつぶが地面へ落ちるとちゅうでとけると「雨」で，とけずに落ちてくると「雪」です。

❷ (1) ２このかん電池を**ウ**のように直列《ちょくれつ》つなぎにすると，**イ**のようにへい列《れつ》つなぎにするよりも大きい電流が流れます。

(2) かん電池のへい列つなぎでは，かん電池を何こつないでも，電流の大きさは，かん電池１この場合と同じになりますが，かん電池の数がふえるほど電池は長持ちします。

(3) **エ**のようにつなぐと，２このかん電池が電流を流そうとする力が打《う》ち消し合うため，電流が流れなくなります。

❸ (1) 月の見える形は毎日少しずつかわり，形によって見える時刻《じこく》がかわりますが，どの形に見えるときでも，東から出て，南の空の高い所を通って，西へしずみます。ここでは，南と西の間に見えているので，このあとは，西へしずんでいきます。

(2) オリオンざのベテルギウスは，冬の大三角《だいさんかく》にふくまれます。オリオンざのように南の空にある星ざは，東→南→西と動きますが，北の空にある星ざは，北極星を中心に反時計回りに回ります。

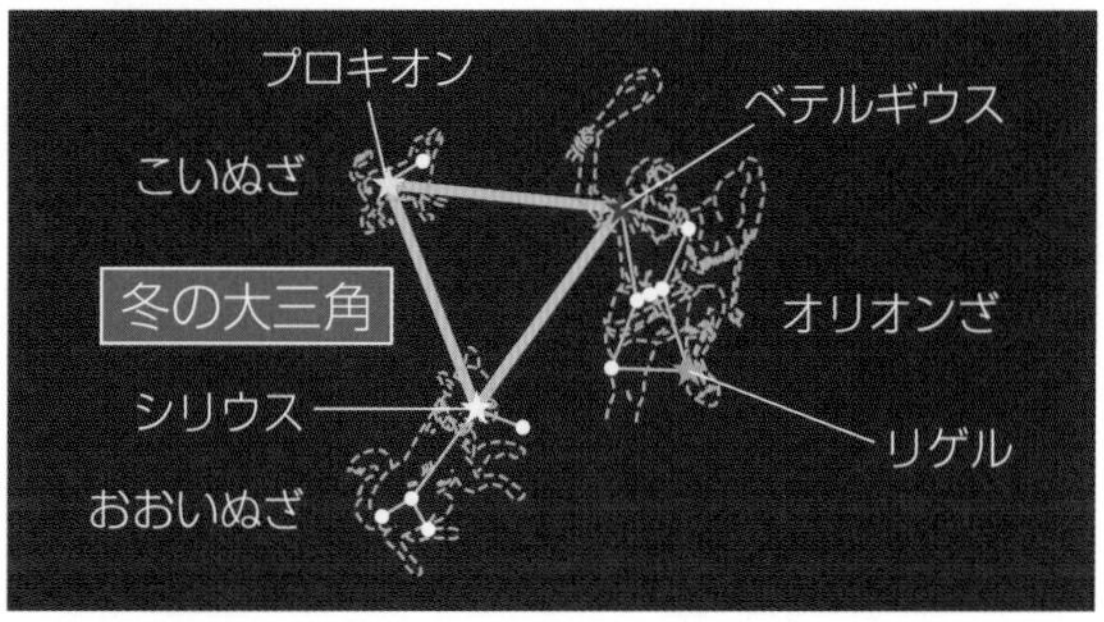

(3) 星ざは時間がたつと，見える位置はかわりますが，形はかわりません。

第2回 ものの体積とあたたまり方

答え

❶ (1) 空気…**イ**　水…**ア**

(2) **ア**

❷ (1) ①　大きく　②　小さく

③　空気　④　金ぞく

(2) **イ**

❸ (1) ①　**ア**　②　**カ**

(2) **ウ**

(3) **ア**

考え方

❶ (1) 空気をとじこめた注射器のピストンをおすと，ピストンが下がって空気の体積が小さくなります。おせばおすほど，手ごたえは大きくなり，おすことをやめるともとにもどります。水をとじこめた注射器のピストンをおしても，ピストンは下がらず，水の体積を小さくすることはできません。

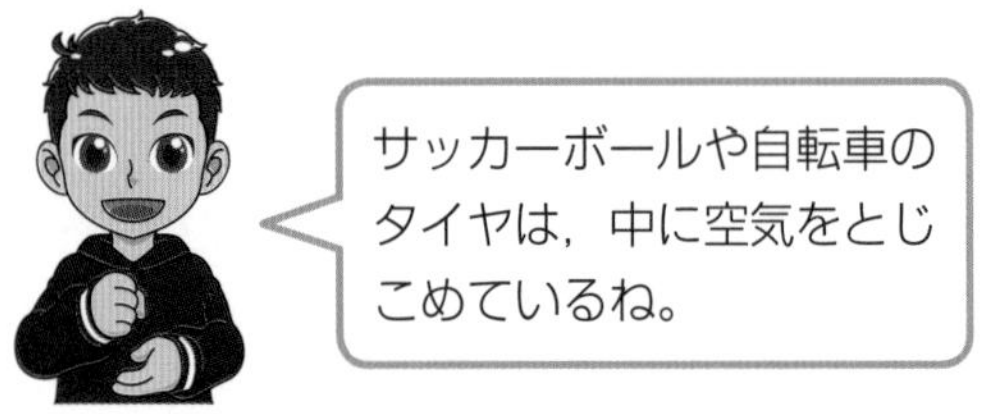

サッカーボールや自転車のタイヤは，中に空気をとじこめているね。

(2) 水の体積を小さくすることはできないので，空気の体積だけが小さくなります。

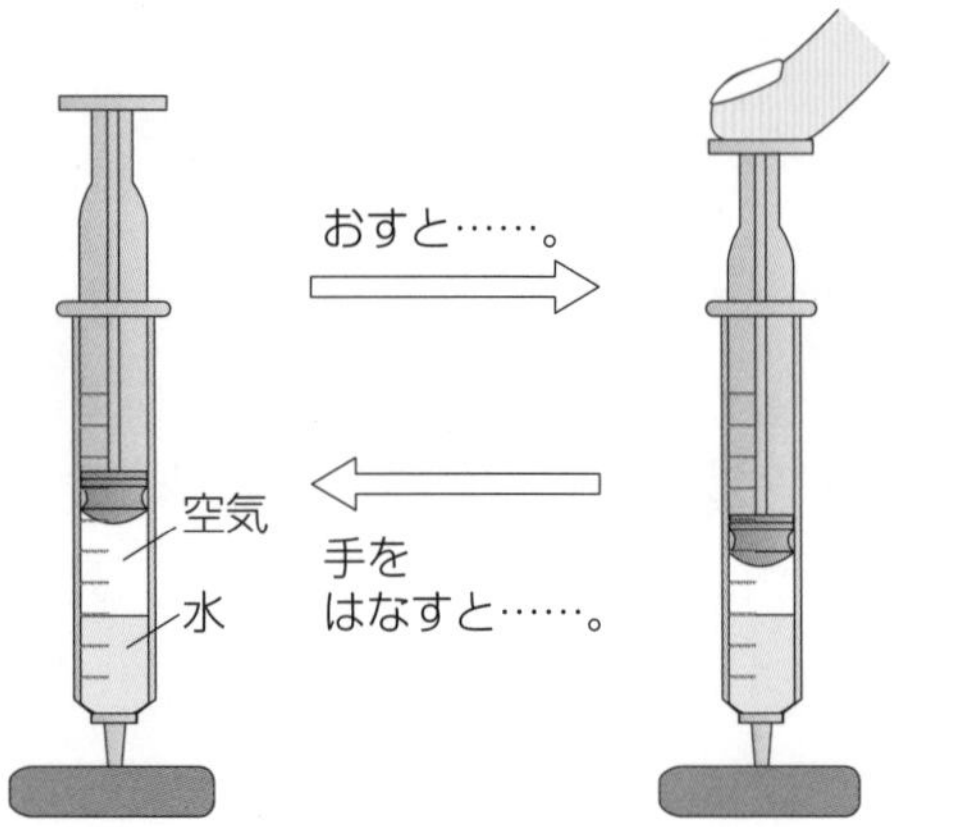

おすと……。
手をはなすと……。
空気
水

❷ (1) 温度による体積の変化の大きさは，空気が最も大きく，次に水，金ぞくという順《じゅん》になります。

(2) 冬は金ぞくが冷やされてちぢむので，レールのつなぎ目にあるすき間が大きくなります。

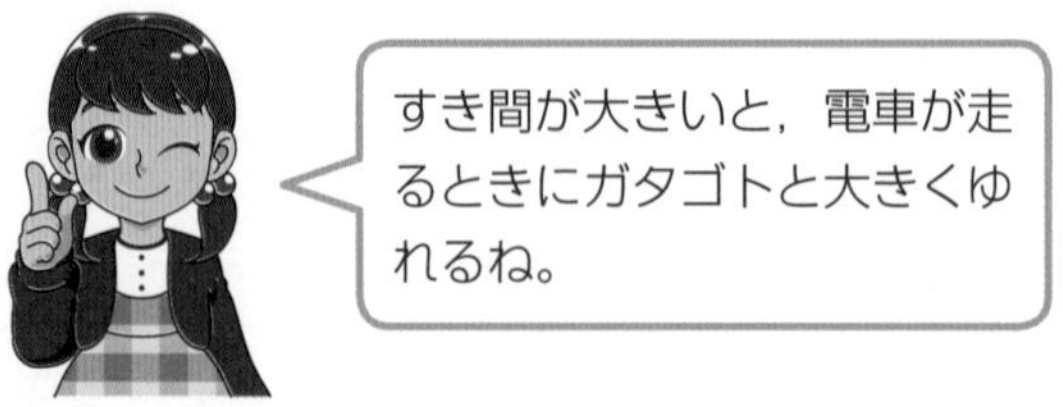

すき間が大きいと，電車が走るときにガタゴトと大きくゆれるね。

❸ (1) 金ぞくは，熱した所から熱《ねつ》が伝《つた》わって，順にあたたまっていきます。

(2) 試験管の下のほうをあたためると，あたためられた水は上へ動き，上のほうにある温度の低《ひく》い水は下へ動きます。これをくり返すことでやがて全体があたたまります。試験管の上のほうをあたためると，あたためている部分より上の水しか動かないので，なかなか全体があたたまりません。

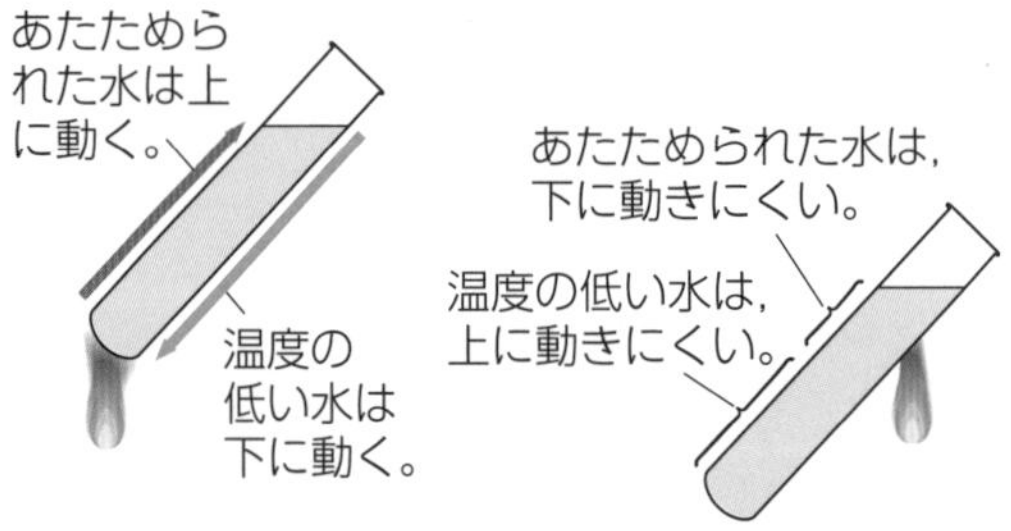

あたためられた水は上に動く。
温度の低い水は下に動く。
あたためられた水は，下に動きにくい。
温度の低い水は，上に動きにくい。

(3) あたためられた空気が上へ動いて，上のほうにある冷たい空気が下へ動くので，部屋の上のほうからあたためられます。

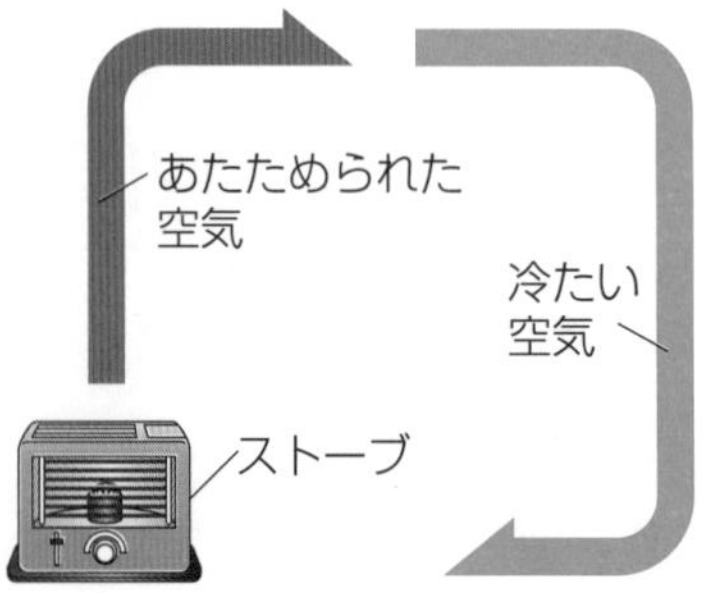

あたためられた空気
冷たい空気
ストーブ

第1回 生き物のようす／人のからだ／天気

答え

❶ (1) (ア) →ウ→エ→イ
(2) ウ
(3) ア ○　イ ×
ウ ×　エ ×

❷ (1) 関節《かんせつ》
(2) ア
(3) ア ○　イ ○　ウ ×

❸ (1) ア ○　イ ○　ウ 当たらない
(2) 百葉箱《ひゃくようばこ》
(3) ア

考え方

❶ (1) サクラの芽の中には小さな花や葉があります。冬の間は，葉はすべて落ち，芽はほとんど成長《せいちょう》せず，かたいままです。

(2) ツバメは，春から秋にかけて日本で子育てをして，冬はあたたかい南の国ですごす，わたり鳥です。ヒヨドリやスズメは１年中日本にいます。

(3) ア　ヒキガエルのように，冬の間，土の中などでじっとしていることを，冬《とう》みんといいます。

イ　タンポポは，冬の間，葉が地面にへばりつくように生えています。また，根もしっかりと生きています。

ウ　オオカマキリは，秋になると草のくきや低《ひく》い木のえだなどにたまごを産《う》みつけます。オオカマキリはたまごのすがたで冬ごしをしますが，たまごを包《つつ》んでいるあわのようなものが，冬の寒さやかんそうなどからたまごを守るはたらきをしています。

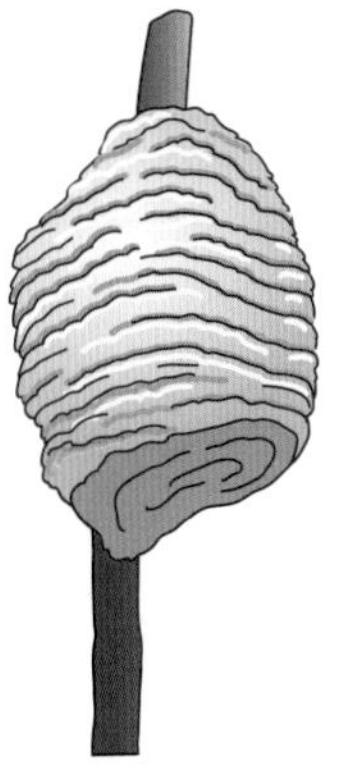

エ　ヘチマは，秋に実がじゅくし，たねができ，冬にはたねを残《のこ》してすべてかれてしまいます。

❷ (1) 関節は，ほねとほねのつなぎ目にあります。

(2) うでをのばしたときは，曲げたときとは反《はん》対《たい》に，アのきん肉がゆるみ，イのきん肉がちぢみます。

(3) ア　魚には，頭からおびれまでせぼねが通っています。

イ　ウサギは，うしろあしで地面をけってとびはねます。

ウ　ヘビにも，ほねやきん肉があります。からだをくねらせて前へ進みます。

❸ (1)・(2) 百葉箱は，正しいじょうけんで気温をはかるために，次の図のようにつくられています。

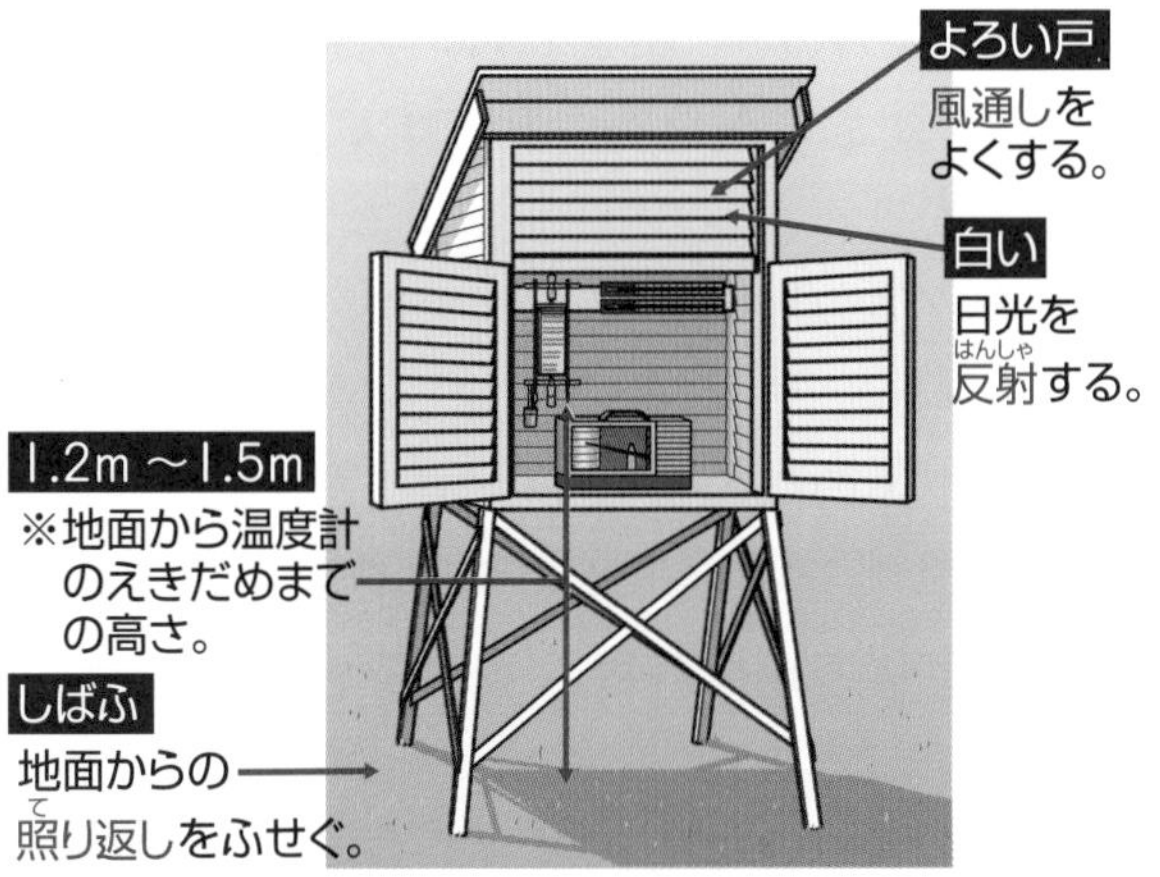

よろい戸
風通しをよくする。
白い
日光を反射《はんしゃ》する。
1.2m ～1.5m
※地面から温度計のえきだめまでの高さ。
しばふ
地面からの照《て》り返しをふせぐ。

(3) 晴れの日の１日の気温は，朝から上がり始め，午後２時ごろに最《もっと》も高くなります。くもりや雨の日は，１日の気温の変化が晴れの日よりも小さく，昼になっても，晴れの日ほど気温が上がりません。

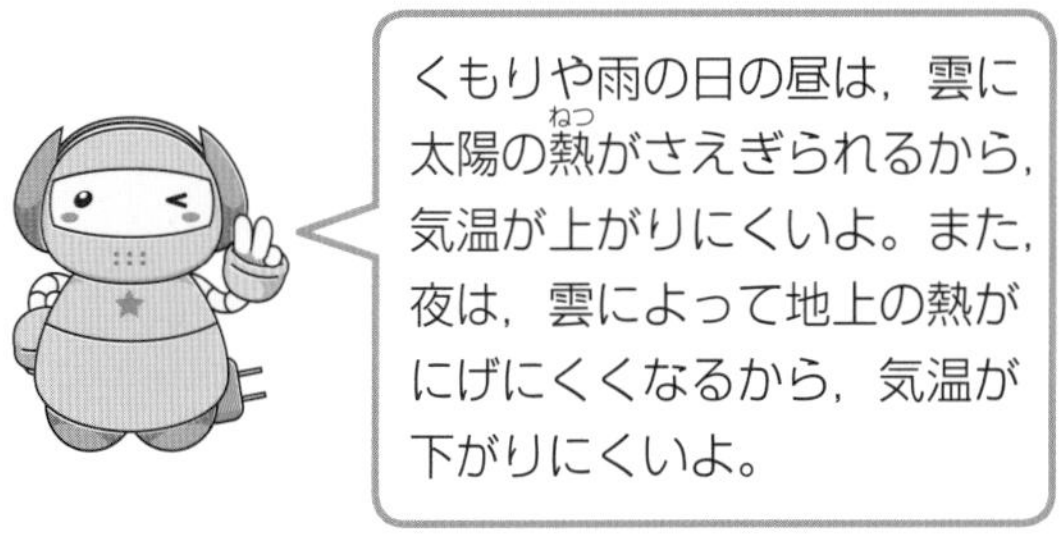

くもりや雨の日の昼は，雲に太陽の熱《ねつ》がさえぎられるから，気温が上がりにくいよ。また，夜は，雲によって地上の熱がにげにくくなるから，気温が下がりにくいよ。

第12回 立体

答え

❶ (1) 直方体
(2) 6　(3) 12　(4) 8

❷ ㋑, ㋓

❸ (1) 面い, 面え, 面お, 面か
(2) 辺**アエ**, 辺**オク**, 辺**カキ**
(3) 面あ, 面う

❹ (1) 面お
(2) 面あ, 面う, 面お, 面か

❺ (1) ① 130　② 350　③ 2
(2) ① 280　② 150　③ 5

考え方

❶ 図を見て, 面, 辺, 頂点の数を数えます。

(1) 長方形だけで囲まれた形や, 長方形と正方形で囲まれた形を, 直方体といいます。

(2) 直方体の面の数は 6 つです。

(3) 直方体の辺の数は 12 本です。

(4) 直方体の頂点の数は 8 つです。

❷ 立方体の面は 6 つです。㋐の面の数は 5 つ, ㋒の面は 7 つだから, ㋐と㋒は正しい展開図ではありません。また, ㋔は, 組み立てても立方体ができません。

❸ 1 つ 1 つの面や辺について, 問題の面や辺との関係《かんけい》を調べていきます。

(1) 立方体では, となり合った 2 つの面は垂直です。

(2) 辺**イウ**に平行な辺は, 3 本あります。

(3) 辺**オク**に垂直な面は, 面あと面うの 2 つあります。

❹ 展開図を組み立てると, 下の図のような直方体になります。

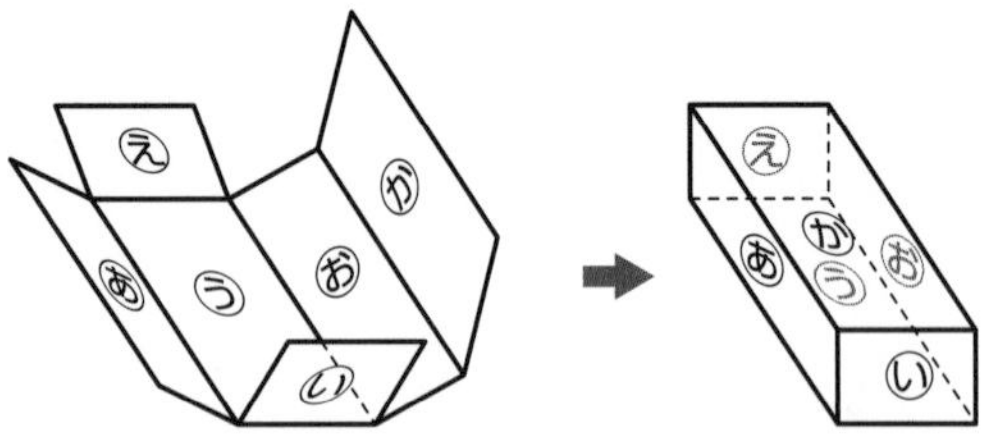

❺ 点**A**をもとにした位置を, 図をかいて考えます。

(1) 点**B**は, 点**A**から, 東へ 130m, 北へ 350m 進んだ位置だから,
(東 130m, 北 350m, 高さ 0m)
点**C**は, 点**B**から高さが 2m の位置だから,
(東 130m, 北 350m, 高さ 2m)

(2) まず, 点**B**から東へ 150m 進み, そこから南へ 200m 進んだ位置を考えます。
東へ 150m 進むから,
130 + 150 = 280
より, 点**A**をもとにすると, 東へ 280m の位置です。
南へ 200m 進むから,
350 − 200 = 150
より, 点**A**をもとにすると, 北へ 150m の位置です。
だから, (東 280m, 北 150m, 高さ 0m) となります。
たからものは, ここから高さが 5m の位置にあるから,
(東 280m, 北 150m, 高さ 5m)

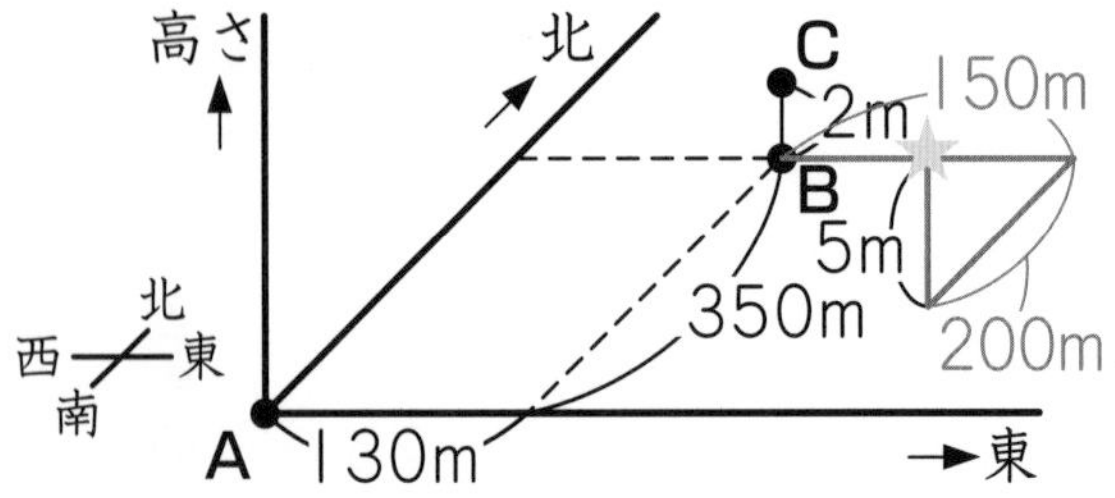

第11回 小数のかけ算・わり算

答え

※❶，❷の筆算は「考え方」を見てください。

❶ (1) 12.9　(2) 50.22
(3) 188.6　(4) 1049.6

❷ (1) 8.4　(2) 2.4
(3) 0.8　(4) 4 あまり 3.1

❸ [式] 150 ÷ 125 = 1.2　[答え] 1.2 倍

❹ [式] 78.2 ÷ 15 = 5 あまり 3.2
[答え] 5 ふくろできて，3.2kg あまる

❺ [式] 1.2 × 2 = 2.4　2.4 × 5 = 12
[答え] 12km

考え方

❶ 小数×整数の計算は，小数点がない場合と同じように計算してから，かけられる数にそろえて小数点をうちます。

(1)
　4.3
× 　3
―――
12.9

(2)
　8.37
× 　 6
―――
50.22

(3)
　9.43
× 　20
―――
188.60（0を消す）

(4)
　2.05
× 512
―――
　410
205
1025
―――
1049.60（0を消す）

❷ 小数÷整数の計算も，かけ算と同じように，まず小数点がない場合と同じように計算してから，わられる数にそろえて小数点をうちます。

(1)
6）50.4 ＝ 8.4
48
―――
24
24
―――
0

(2)
37）88.8 ＝ 2.4
74
―――
148
148
―――
0

(3)
72）57.6 ＝ 0.8
576
―――
0

(4)
23）95.1 ＝ 4
92
―――
3.1

❸ 弟の何倍かを，わり切れるまで計算します。
答えは
　こうたさんの身長÷弟の身長
で求められるから，

125）150 ＝ 1.2
125
―――
250
250
―――
0

より，1.2 倍です。

❹ ふくろの数は
　全部の米の重さ
　　　　÷ 1 ふくろに入れる米の重さ
で求められるから，

15）78.2 ＝ 5
75
―――
3.2

より，5 ふくろできて，3.2kg あまります。

❺ まず，1 日で何 km 歩くかを考えます。
行きと帰りにそれぞれ 1.2km 歩くので，1 日で 1.2 × 2 = 2.4（km）歩きます。
月曜日から金曜日までは 5 日あるので，
　2.4 × 5 = 12（km）
歩きます。

第10回 およその数

答え

❶ (1) 3200　(2) 50000
(3) 7100　(4) 500000

❷ (1) 245，246，247，248，249，250，251，252，253，254
(2) いちばん多くて 250499 人，
いちばん少なくて 249500 人

❸ (1) 11 月 10000 人　12 月 17000 人
(2) [式] 10000 + 17000 = 27000
[答え] (約) 27000 人
(3) [式] 17000 − 10000 = 7000
[答え] (約) 7000 人

❹ (1) [見積もりの式] 400 × 40 = 16000
[答え] (約) 16000 円
(2) 15210 円

考え方

❶ どの位を四捨五入すればよいかに注意します。
(3) 上から 2 けたのがい数にするので，上から 3 つ目の位の十の位を四捨五入します。
7115 → 7100
切り捨《す》て

❷ さかい目の数がはんいに入るかどうかに注意します。
(1) 十の位までのがい数にするときは，一の位を四捨五入します。
240 から 249 までの数のうち，四捨五入して 250 になる整数は，一の位を切り上げる整数だから，245，246，247，248，249 です。
250 から 259 までの数のうち，四捨五入して 250 になる整数は，一の位を切り捨てる整数だから，250，251，252，253，254 です。

(2) 千の位までのがい数にするときは，百の位を四捨五入します。

❸ がい数も，ふつうの数と同じように計算することができます。
(1) 11 月，12 月の利用者数を，それぞれ千の位までのがい数で表すと，
11 月　10240 → 10000
切り捨て
12 月　16972 → 17000
切り上げ

(2) 11 月と 12 月の利用者数の合計をがい数で求めると，
10000 + 17000 = 27000
したがって，(約) 27000 人です。

(3) 12 月と 11 月の利用者数の差《さ》をがい数で求めると，
17000 − 10000 = 7000
したがって，(約) 7000 人です。

❹ 弁当の代金の合計は，
1 人分の弁当のねだん × 人数
で求められます。
(1) 花見に参加した人数を上から 1 けたのがい数にすると，40 人になります。
1 人分の弁当のねだんを上から 1 けたのがい数にすると，400 円になります。
これを使って弁当の代金の合計を見積もると，
400 × 40 = 16000
したがって，(約) 16000 円です。

(2) 正確な弁当の代金の合計を計算すると，
390 × 39 = 15210
したがって，15210 円です。

第9回 変わり方

答え

❶ (1)

あめの数(こ)	1	2	3	4	5	6
ガムの数(こ)	11	10	9	8	7	6

(2) ① 12　② □

(3) 3こ

❷ (1)

1辺のマッチぼうの数(本)	1	2	3	4
全体のマッチぼうの数(本)	4	8	12	16

(2) ① 4　② ○

(3) 28本

❸ (1)

横の長さ(cm)	1	2	3	4	5	6
面積(cm^2)	6	12	18	24	30	36

(2) 6×□=○

❹ (1) □+○=8

(2) きゅうり:3本
にんじん:5本

考え方

❶「あめとガムを合わせて12こ」なので，言葉の式に表すと

12−あめの数=ガムの数

です。

(1) 言葉の式で，あめの数を1，2，…と，順《じゅん》にふやしていきます。

(2) あめの数を□こ，ガムの数を△ことするので，

12−□=△

です。

(3) あめの数が9このとき，ガムの数は

12−9=3(こ)

です。

❷ それぞれの図を見て，マッチぼうの数を数えます。

(2) 辺の数は4つなので，

1辺のマッチぼうの数×4
=全体のマッチぼうの数

1辺のマッチぼうの数を□本，全体のマッチぼうの数を○本とするから，

□×4=○

(3) 1辺のマッチぼうの数が7本のとき，全体のマッチぼうの本数は，7×4=28(本)

❸ 長方形の面積は

たての長さ×横の長さ

で求《もと》められます。

(1) たての長さは6cmだから，面積は

6×横の長さ

です。

(2) 横の長さを□cm，面積を○cm^2とするから，6×□=○

❹ きゅうりを買う数を1本，2本，…とふやしたとき，にんじんを買う数と，合計の代金を表に書いていきます。

きゅうりの数	0	1	2	3	4	5	6	7	8
にんじんの数	8	7	6	5	4	3	2	1	0
合計の代金	640	610	580	550	520	490	460	430	400

(1) きゅうりとにんじんを合わせて8本買うので，

きゅうりの数+にんじんの数=8

したがって，□+○=8です。

(2) 表を見ると，合計の代金が550円になるのは，きゅうりを3本，にんじんを5本買うときです。

第8回 分数

答え

❶ (1) $2\frac{1}{4}$　(2) 4

(3) $\frac{7}{5}$　(4) $\frac{13}{3}$

❷ (1) $\frac{7}{8} \to \frac{11}{8} \to 1\frac{5}{8}$

(2) $\frac{2}{7} \to \frac{2}{5} \to \frac{2}{3}$

(3) $\frac{9}{14} \to \frac{9}{13} \to \frac{10}{13}$

❸ (1) $\frac{6}{8}$，$\frac{9}{12}$　(2) 0.4

❹ (1) $\frac{17}{4}\left(4\frac{1}{4}\right)$　(2) $\frac{20}{7}\left(2\frac{6}{7}\right)$

(3) $3\frac{3}{5}\left(\frac{18}{5}\right)$　(4) $\frac{5}{6}$　(5) $\frac{5}{9}$

(6) 2　(7) $\frac{5}{8}$　(8) $\frac{21}{5}\left(4\frac{1}{5}\right)$

❺ [式] $3 - 1\frac{3}{7} - \frac{5}{7} = \frac{6}{7}$

[答え] $\frac{6}{7}$ kg

考え方

❶ 仮分数を帯分数や整数に直すときにはわり算を，帯分数を仮分数に直すときにはかけ算を使います。

(1) $9 \div 4 = 2$ あまり 1 だから，$\frac{9}{4} = 2\frac{1}{4}$

(3) $1\frac{2}{5}$ は $\frac{1}{5}$ が $5 \times 1 + 2 = 7$(こ分)だから，

$1\frac{2}{5} = \frac{7}{5}$

❷ 分母が同じものどうし，分子が同じものどうしをくらべます。

(1) 帯分数を仮分数に直して考えます。

$1\frac{5}{8} = \frac{13}{8}$ より，$\frac{13}{8} > \frac{11}{8} > \frac{7}{8}$ です。

(2) 分子が同じなので，分母をくらべます。

(3) まず，分子が同じ $\frac{9}{14}$ と $\frac{9}{13}$ をくらべると，$\frac{9}{14} < \frac{9}{13}$ が分かります。

次に，分母が同じ $\frac{9}{13}$ と $\frac{10}{13}$ をくらべると，$\frac{9}{13} < \frac{10}{13}$ が分かるので，小さいほうから順に書くと $\frac{9}{14} \to \frac{9}{13} \to \frac{10}{13}$ です。

❸ 数直線をたてに見くらべて，同じ位置《いち》に目もりがある分数をさがします。

(2) $\frac{2}{5}$ は $\frac{4}{10}$ と同じ大きさなので，小数で表すと 0.4 です。

❹ 分母が同じ分数のたし算・ひき算では，分母はそのままにして，分子だけを計算します。

(6) $\frac{11}{3} - \frac{5}{3} = \frac{6}{3} = 2$

(7) $2\frac{3}{8} - 1\frac{6}{8} = 1\frac{11}{8} - 1\frac{6}{8} = \frac{5}{8}$

(8) $3 - 1\frac{3}{5} + 2\frac{4}{5} = \frac{15}{5} - \frac{8}{5} + \frac{14}{5} = \frac{21}{5}$

❺ 残りの重さは，取ってきた重さから，うさぎにあげた重さと，サラダにして食べた重さをひいて求《もと》められるので，

$$3 - 1\frac{3}{7} - \frac{5}{7}$$
$$= \frac{21}{7} - \frac{10}{7} - \frac{5}{7}$$
$$= \frac{6}{7}\ (\text{kg})$$

したがって，$\frac{6}{7}$ kg です。

算数

第7回 面積

答え

❶ (あ) $5cm^2$　(い) $9cm^2$

❷ (1) [式] $8 \times 5 = 40$ [答え] $40cm^2$

(2) [式] $13 \times 13 = 169$

[答え] $169cm^2$

(3) [式] $21 \times 17 = 357$　$6 \times 6 = 36$

$357 - 36 = 321$

[答え] $321m^2$

(4) [式] $15 + 7 = 22$　$10 + 20 = 30$

$22 \times 30 = 660$　$7 \times 7 = 49$

$22 - 18 = 4$　$4 \times 20 = 80$

$660 - 49 - 80 = 531$

[答え] $531m^2$

❸ (1) $300m^2$　(2) $16km^2$

(3) 40a　(4) 15ha

❹ (1) [式] $456 \div 24 = 19$ [答え] 19m

(2) [式] $24 \times 36 = 864$

$864 - 456 = 408$

[答え] $408m^2$

考え方

❶ $1cm^2$ の正方形が何こ分かを考えます。

(あ)

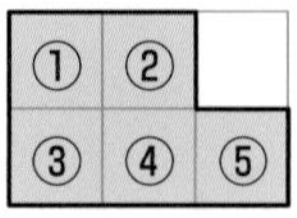

$1cm^2$ の正方形が5こ分なので，$5cm^2$ です。

(い)

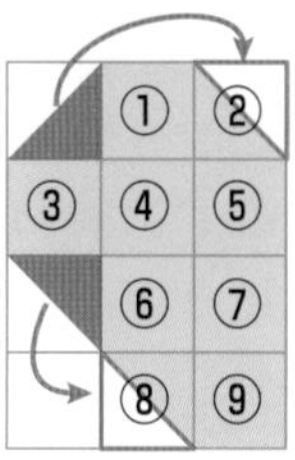

$1cm^2$ の正方形が9こ分なので，$9cm^2$ です。

❷ 面積の公式を教科書でかくにんしておきましょう。

(1) 長方形の面積＝たて×横より，求める面積は，$8 \times 5 = 40$ (cm^2)

(2) 正方形の面積＝1辺×1辺より，求める面積は，$13 \times 13 = 169$ (cm^2)

(3) 全体の長方形の面積から正方形の面積をひきます。

全体の長方形の面積　$21 \times 17 = 357(m^2)$

正方形の面積　$6 \times 6 = 36(m^2)$

より，求める面積は，$357 - 36 = 321(m^2)$

(4) 大きい長方形の面積から，(あ)の部分と(い)の部分の面積をひきます。

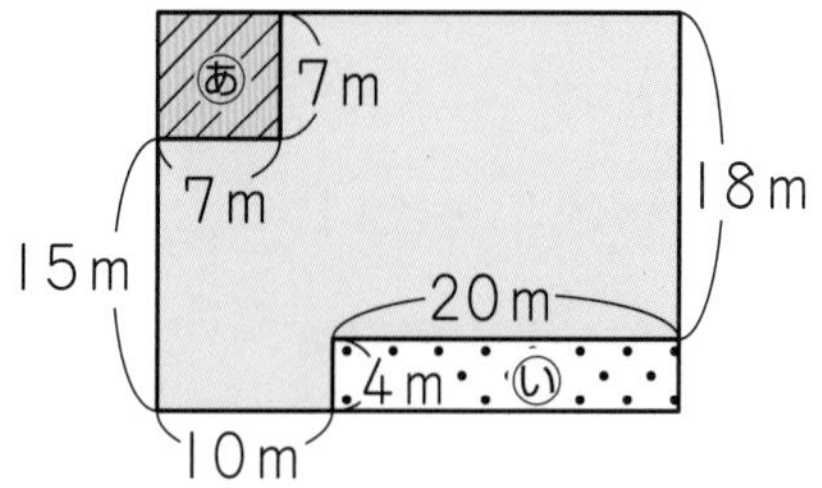

大きい長方形のたての長さ

$15 + 7 = 22$ (m)

大きい長方形の横の長さ

$10 + 20 = 30$ (m)

より，大きい長方形の面積は，

$22 \times 30 = 660$ (m^2)

(あ)の部分の面積　$7 \times 7 = 49$ (m^2)

(い)の部分のたての長さ　$22 - 18 = 4$ (m)

より，(い)の部分の面積　$4 \times 20 = 80$ (m^2)

求める面積は，$660 - 49 - 80 = 531(m^2)$

❸ 1aは $100m^2$，1haは $10000m^2$ です。

(3) 田んぼの面積は，$50 \times 80 = 4000(m^2)$

1aは $100m^2$ だから，40a

(4) 畑の面積は，

$300 \times 500 = 150000$ (m^2)

1haは $10000m^2$ だから，15ha

❹ お店の横の長さを□として，面積の式を考えます。

(1) お店の横の長さを□として，面積を求める公式にあてはめると，24 ×□＝ 456

□にあてはまる数は，24 にかけると 456 になる数だから，$456 \div 24 = 19$

したがって，横の長さは 19m

(2) 土地全体の面積は，$24 \times 36 = 864(m^2)$

ちゅう車場の面積は，全体の面積からお店の面積をひいて，

$864 - 456 = 408$ (m^2)

第6回 小数

答え

※❺の筆算は「考え方」を見てください。

❶ ㋐6.008　㋑6.07

❷ (1) 3.01 → 3.1 → 3.11

(2) 0.89 → $\frac{9}{10}$ → 0.99

❸ (1) 4.28m　(2) 3.776km

❹ (1) 4.58　(2) 7.02　(3) 0.8

❺ (1) 6.98　(2) 10.037

(3) 23.41　(4) 2.19

❻ [式] 0.93 + 1.32 = 2.25

3.5 − 2.25 = 1.25

1.32 − 1.25 = 0.07

[答え] みゆきさんのほうが0.07mだけ長い。

考え方

❶ まず，数直線の1目もりの数を考えます。大きい目もりが10目もりで0.1なので，大きい目もり1目もりは0.01を表すことがわかります。

また，小さい目もりが10目もりで0.01なので，小さい目もり1目もりは0.001を表すことがわかります。

❷ 上の位《くらい》の数字から順にくらべていきます。

(2) $\frac{9}{10}$ = 0.9に直してから考えます。

❸ 1mは100cm，1kmは1000mです。

(1) 428cm = 400cm + 28cm

= 4m28cm = 4.28m

(2) 3776m = 3000m + 776m

= 3km776m = 3.776km

❹ (1) 1が4こで4，0.1が5こで0.5，0.01が8こで0.08なので，4.58

(2) 1が7こで7，0.01が2こで0.02なので，7.02

(3) 0.01が10こで0.1なので，80こで0.8

❺ 位をそろえて書くことに注意します。

(1)

```
   4.35
+  2.63
-------
   6.98
```

(2)

```
   9.400   ← 9.400 と考える。
+  0.637
--------
  10.037
```

(3)

```
  24.00    ← 24.00 と考える。
−  0.59
-------
  23.41
```

(4)

```
   4.583
−  2.393
--------
   2.190   ← 小数点より下の最後の位が0になるので「＼」で消す。
```

❻ まず，しんじさんが使ったひもの長さを求《もと》めます。

ひもを，まさしさんは93cm = 0.93m，みゆきさんは1.32m使ったので，あわせると

0.93m + 1.32m = 2.25m

ひもははじめに3.5mあったので，しんじさんが使ったひもの長さは，

3.5m − 2.25m = 1.25m

したがって，みゆきさんの使ったひものほうが

1.32m − 1.25m = 0.07m

長いことがわかります。

第5回 折れ線グラフ・表

答え

❶ (1) なす：4月，ねぎ：6月

(2) なす：2月から3月

ねぎ：7月から8月

(3) いちばん大きいのは4月で，

ちがいは170円

(4) 11月

❷

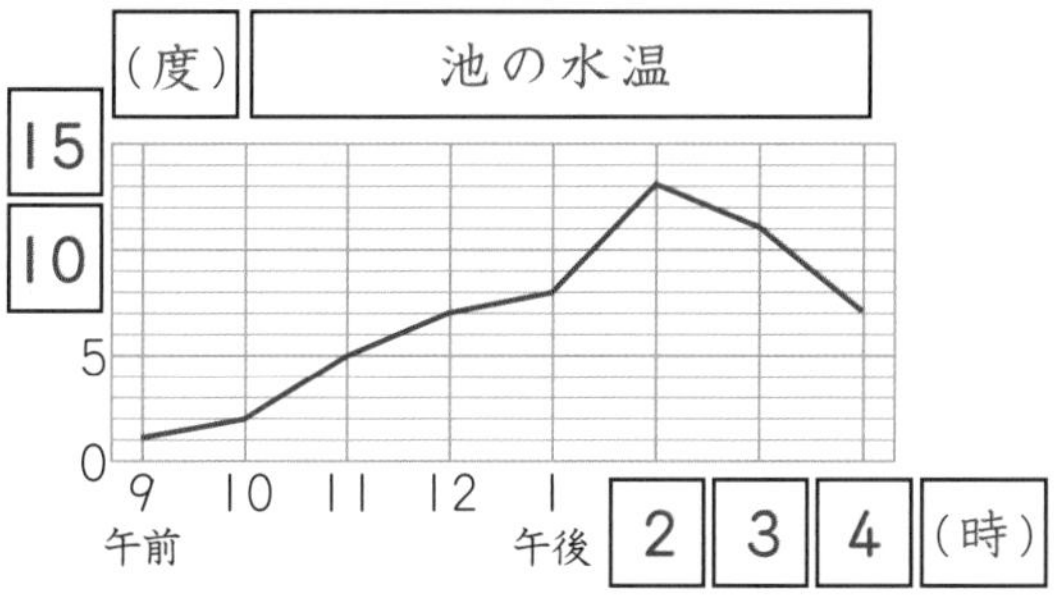

❸ (1)

読書調べ　(人)

		伝記 読んだ	伝記 読んでいない
物語	読んだ	㋐ 11	㋑ 8
物語	読んでいない	㋒ 5	㋓ 4

(2) 16人

(3) 8人

考え方

❶

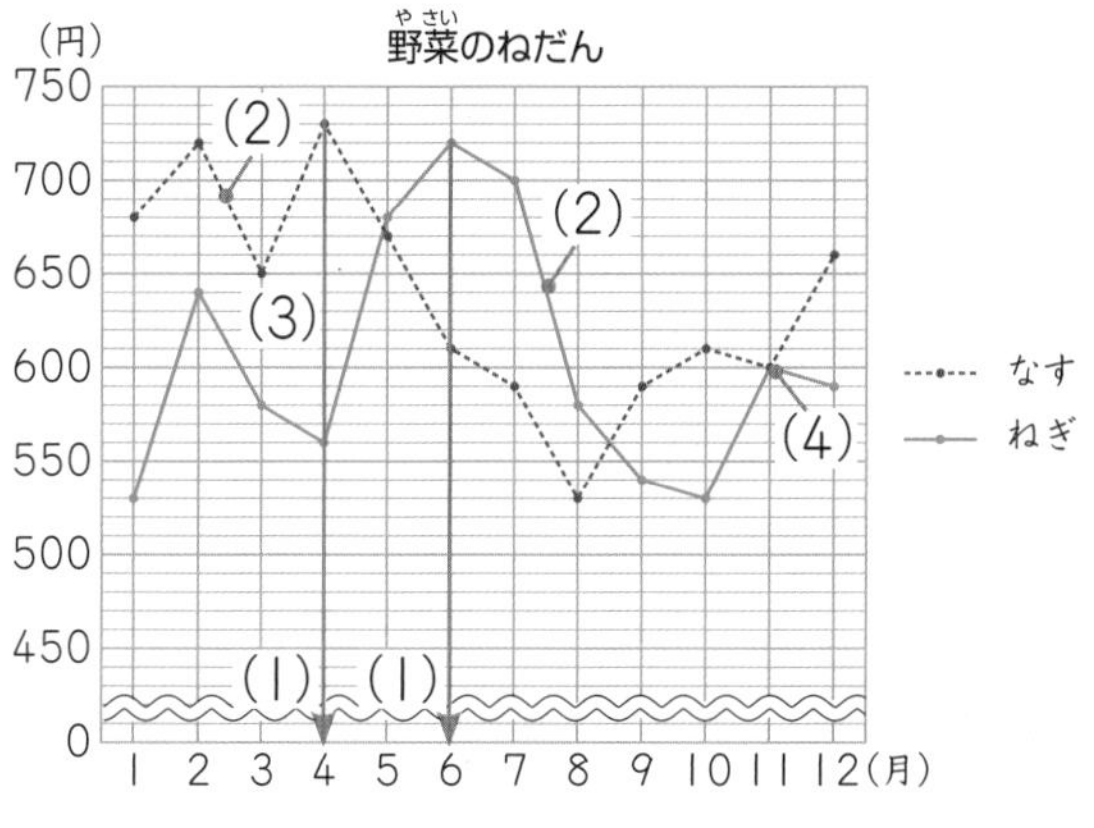

(1) ねだんがいちばん高い点の，横のじくの目もりを読みます。

(2) グラフを見ると，なすのねだんが下がっているところの中で，線のかたむきがいちばん急なのは，2月から3月の間です。

また，ねぎのねだんが下がっているところの中で，線のかたむきがいちばん急なのは，7月から8月の間です。

(3) 2つのグラフのひらきはねだんのちがいを表していて，4月に2つのグラフのひらきがいちばん大きくなっています。このとき，なすのねだんは730円で，ねぎのねだんは560円なので，ねだんのちがいは，

730 − 560 = 170 (円)

【別《べつ》のとき方】

2つのグラフのひらきが17目もりだから，ねだんのちがいは170円です。

(4) 2つのグラフが重なっているところが，同じねだんになっているところです。だから，ねだんが同じ月は11月であることがわかります。

❷ 横のじくにはかった時こく，たてのじくに温度をとります。たてのじくの1目もりが1度を表していることをかくにんしてから点をうち，点を直線でつなぎます。

❸ 物語，伝記のそれぞれについて，○の数と×の数を数えます。

(1) それぞれ「正」の字を書くようにして数えると，人数が調べやすいです。

(2) ㋐と㋒にあてはまる人数の和を求《もと》めればよいので，

11 + 5 = 16 (人)

(3) ㋑にあてはまる人数なので，8人です。

第4回 垂直・平行と四角形

答え

❶ (1) ㋐，㋑　(2) ㋐，㋑，㋒，㋔
(3) ㋓

❷ (1) え⃝，き⃝　(2) く⃝
(3) あ⃝とう⃝，え⃝とき⃝，お⃝とか⃝

❸ ※「考え方」を見てください。

❹ (1) 平行四辺形　(2) 正方形

❺ (1) 台形
(2) ㋐ 90°　㋑ 112°　㋒ 68°

考え方

❶ 四角形のせいしつを教科書でかくにんしておきましょう。

(1) 4つの角がすべて直角である四角形は，正方形と長方形です。

(2) 2組の向かい合う角の大きさがそれぞれ等しい四角形は，正方形，長方形，平行四辺形，ひし形です。

(3) 向かい合う1組の辺だけが平行な四角形は，台形です。

❷

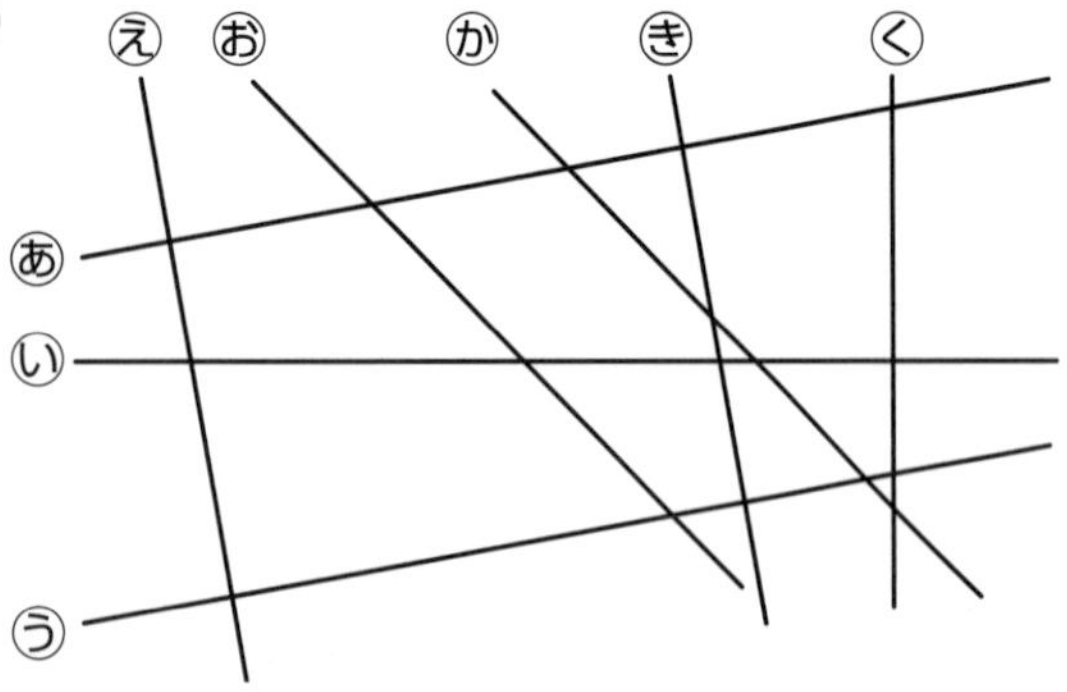

直線と直線が交わったところの角度をはかると，あ⃝とえ⃝，あ⃝とき⃝，い⃝とく⃝，う⃝とえ⃝，う⃝とき⃝が交わったところが90°なので，これらは垂直です。

交わっていない直線も，のばしたときに交わったところの角度が90°なら垂直といいます。

❸

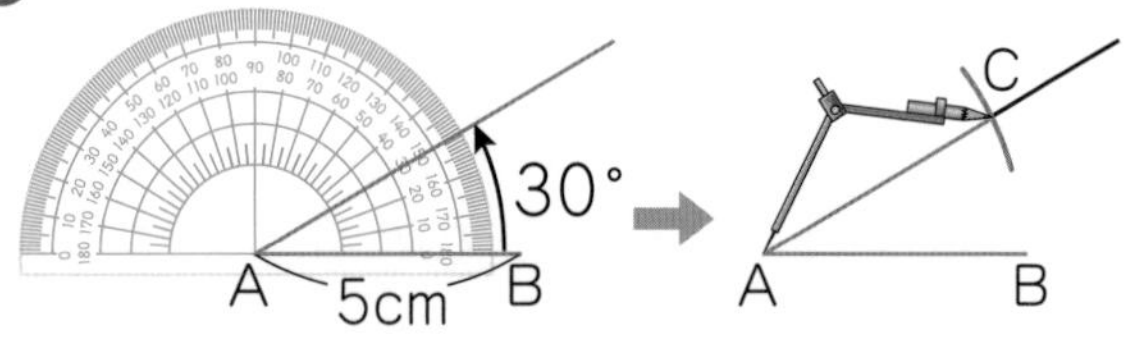

はじめに，大きさがわかっている角をかきます。

ひし形では，4つの辺の長さがすべて同じなので，ACの長さが5cmとなるように点Cをかきます。

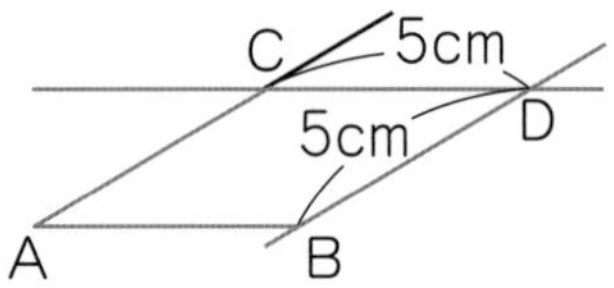

ひし形では，向かい合う辺が平行なので，平行な線をかいて，交わったところを点Dとすると，四角形ABDCはひし形です。

❹ 四角形の対角線がどのように交わるかについても，四角形のせいしつとして覚えておきましょう。

(1) 2本の対角線がそれぞれのまんなかの点で交わるのは，平行四辺形です。

(2) 2本の対角線が同じ長さで，それぞれのまんなかの点で垂直に交わるのは，正方形です。

❺ 四角形ABCDは長方形なので，辺ADと辺BCが平行です。

(1) 辺AEと辺BFは平行なので，四角形ABFEは台形です。

(2) 角㋐…長方形はすべての角が90°なので，角㋐は90°です。

角㋑…半回転の角の大きさは180°なので，角㋑は

180° − 68° = 112°

角㋒…平行な2本の直線は，ほかの直線と等しい角度で交わります。辺ADと辺BCは平行なので，角㋒は68°です。

第3回 わり算の筆算

答え

❶ (1) 20　(2) 210　(3) 800

❷ ※筆算は「考え方」を見てください。

(1) 19 あまり 10

答えのたしかめ…41 × 19 + 10 = 789

(2) 1780 あまり 2

答えのたしかめ…3 × 1780 + 2 = 5342

❸ ※「考え方」を見てください。

❹ (1) 63　(2) 90

❺ [式] 427 ÷ 29 = 14 あまり 21

[答え] 1人分は 14 こになって，21 こあまる

❻ (1) 2075　(2) 商：44，あまり：7

考え方

❶ 10 や 100 が何こあるかを考えて計算します。

(1) 40 は 10 が 4 こ。4 ÷ 2 = 2 だから，10 が 2 こなので，20

(2) 630 は 10 が 63 こ。63 ÷ 3 = 21 だから，10 が 21 こなので，210

(3) 7200 は 100 が 72 こ。72 ÷ 9 = 8 だから，100 が 8 こなので，800

❷ わる数×商＋あまりを計算して，わられる数と同じになることをたしかめます。

(1)

```
      19
41)789
   41
   379
   369
    10
```

(2)

```
  1780
3)5342
  3
  23
  21
   24
   24
     2
```

わる数×商＋あまりが，わられる数と同じにならないときは，計算し直そう。

❸ あまりがある場合は，わる数よりも小さくなっていることをたしかめましょう。

```
     58
17)987
   85
   137
   136
     1
```

❹ わり算で，わる数を $\frac{1}{2}$，$\frac{1}{3}$，…にすると，わられる数も $\frac{1}{2}$，$\frac{1}{3}$，…になります。

(1) わる数を $\frac{1}{10}$ にしたので，わられる数も $\frac{1}{10}$ になります。

(2) わる数を $\frac{1}{7}$ にしたので，わられる数も $\frac{1}{7}$ になります。

❺ 1人分のみかんの数は，

全部のみかんの数÷分ける人数

で求められるから，

427 ÷ 29 = 14 あまり 21

したがって，1人分は 14 こになって，21 こあまります。

❻ わる数×商＋あまり＝わられる数の式を使って，ある数を求めます。

(1) ある数は，74 × 28 + 3 = 2075

(2) 2075 ÷ 47 = 44 あまり 7

```
      44
47)2075
   188
    195
    188
      7
```

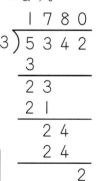

第2回 角

答え

❶ (1) 48°　(2) 300°

❷ (1)　(2)

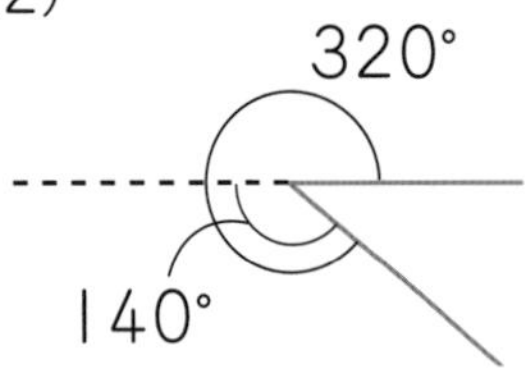

❸ ※「考え方」を見てください。

❹ 65°

❺ ㋐ 60°　㋑ 100°　㋒ 80°

❻ 105°

考え方

❶ 角の大きさのはかり方を教科書でかくにんしておきましょう。

(2) 180°よりどれだけ大きいかをはかると120°なので，180°＋120°＝300°

【別《べつ》のとき方】

360°よりどれだけ小さいかをはかると60°なので，360°－60°＝300°

❷ 角のかき方を教科書でかくにんしておきましょう。

(2) 320°－180°＝140°なので，180°の角に140°の角を合わせてかきます。

【別のとき方】

360°－320°＝40°なので，360°の角から40°の角をひくと考えてかきます。

❸ まず，長さがわかっている辺を1つかきます。

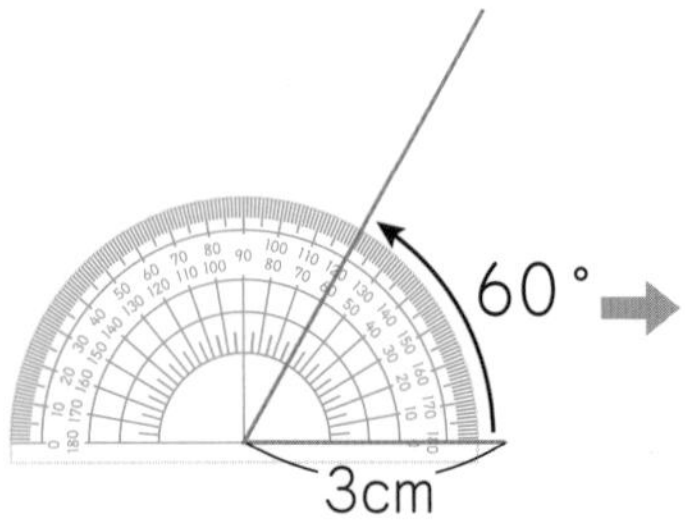

3cmの辺をかき，60°の角をかく。

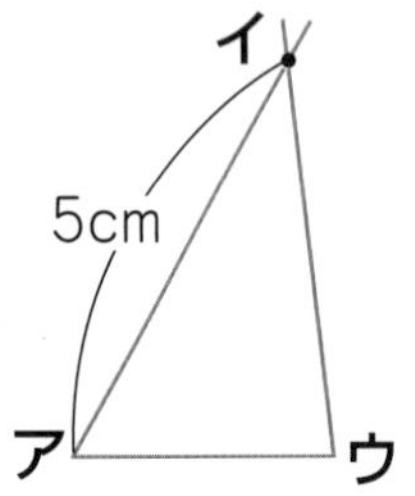

点アから5cmのところに点イをかき，イとウを結《むす》ぶ。

❹

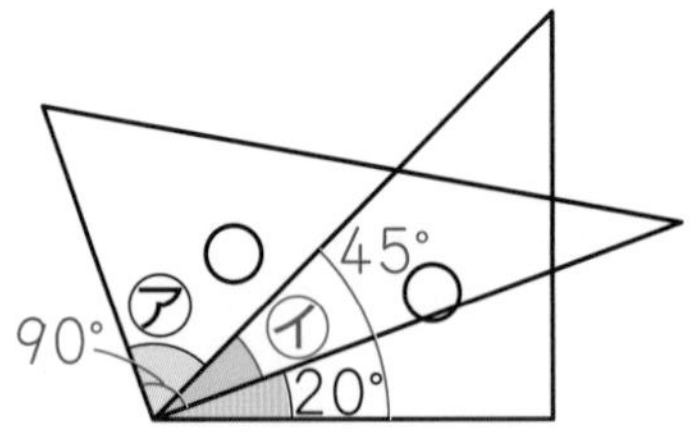

上の図の㋑の角の大きさは，

45°－20°＝25°

だから，㋐の角の大きさは，

90°－25°＝65°

❺ ㋐の角…180°から50°と70°をひいて，

180°－50°－70°＝60°

㋑の角…180°から80°をひいて，

180°－80°＝100°

㋒の角…2本の直線が交わるとき，向かい合った角は大きさが等しいので，80°

❻ 長いはりは，12のところからみて，1周《しゅう》のちょうど半分まわったところにあるので，180°まわったことがわかります。

長いはりが1周のちょうど半分まわったところなので，短いはりは2と3のちょうどまんなかにあることがわかります。図の㋐の角度は

90°÷3＝30°

なので，短いはりは，㋐の角度の2こと半分だけ，12のところからまわったことになります。

したがって，長いはりがまわった180°から，短いはりがまわった

30°×2＋30°÷2＝75°

をひいて，180°－75°＝105°

第1回 大きな数

答え

❶ (1) 二十四億六百三十九万五百七十一
(2) 五千百八兆七千三百億六百万

❷ (1) 65000083010000
(2) 3807010000

❸ ㋐ 6000億 (600000000000)
㋑ 1兆4000億 (1400000000000)

❹ (1) 7兆6000億
(7600000000000)
(2) 541兆8000億
(541800000000000)

❺ (1) 298　(2) 9，1020
(3) 3276億 (327600000000)
(4) 3276兆 (3276000000000000)

❻ (1) 9853200000000
(2) 2000000003589
(3) 5983200000000

考え方

❶ 右から4けたごとに区切って考えます。

(1)
億　万
24|0639|0571

(2)
兆　億　万
5108|7300|0600|0000

❷ 読まない位には0を書きます。

(1) 六十五兆　八千三百一万
65|0000|8301|0000
兆　億　万

(2) 一億が38こで38億，一万が701こで701万。数字で書くと，
38|0701|0000
億　万

❸ まず，数直線の1目もりの数を考えます。10目もりで1兆なので，1目もりは1000億を表すことがわかります。

❹ 10倍すると位は1けたずつ上がり，$\frac{1}{10}$にすると位は1けたずつ下がります。

(1)
7600|0000|0000
76000|0000|0000　（10倍）
兆　億　万

(2)
5418|0000|0000|0000
541|8000|0000|0000　（$\frac{1}{10}$）
兆　億　万

❺ 大きな数をかたまりとみて計算します。

(1) 216 + 82 = 298だから，一億のかたまりは298こあります。

(2) 5 + 4 = 9だから，一兆のかたまりは9こあります。また，349 + 671 = 1020だから，一億のかたまりは1020こあります。

(3) 91 × 36 = 3276，1万×1万 = 1億だから，
91万×36万= 3276億

(4) 91 × 36 = 3276，1億×1万 = 1兆だから，
91億×36万= 3276兆

❻ 数の大きさは，いちばん上の位できまります。

(1) 数字を大きい順に書いていきます。

(2) 0ではじまる整数はないので，0以外《いがい》でいちばん小さな数の2を，いちばん上の位に使います。あとは，残《のこ》りの数字を小さい順に書いていきます。

(3) 6兆にいちばん近い数を書くので，いちばん上の位は6に近い数になります。6はないので，いちばん上の位には5を使います。あとは，残りの数字を大きい順に書いていきます。

「答えと考え方」の使い方

★ 自分の答えと『答えと考え方』をくらべて，どのようなまちがいをしたのかや，正しい考え方をかくにんしましょう。

★ 正解《せいかい》した問題も，考え方が合っているか，ほかの考え方があるかなどをたしかめるために，「考え方」を読みましょう。

★ 答え合わせが終わったら，「得点《とくてん》」を記入しましょう。

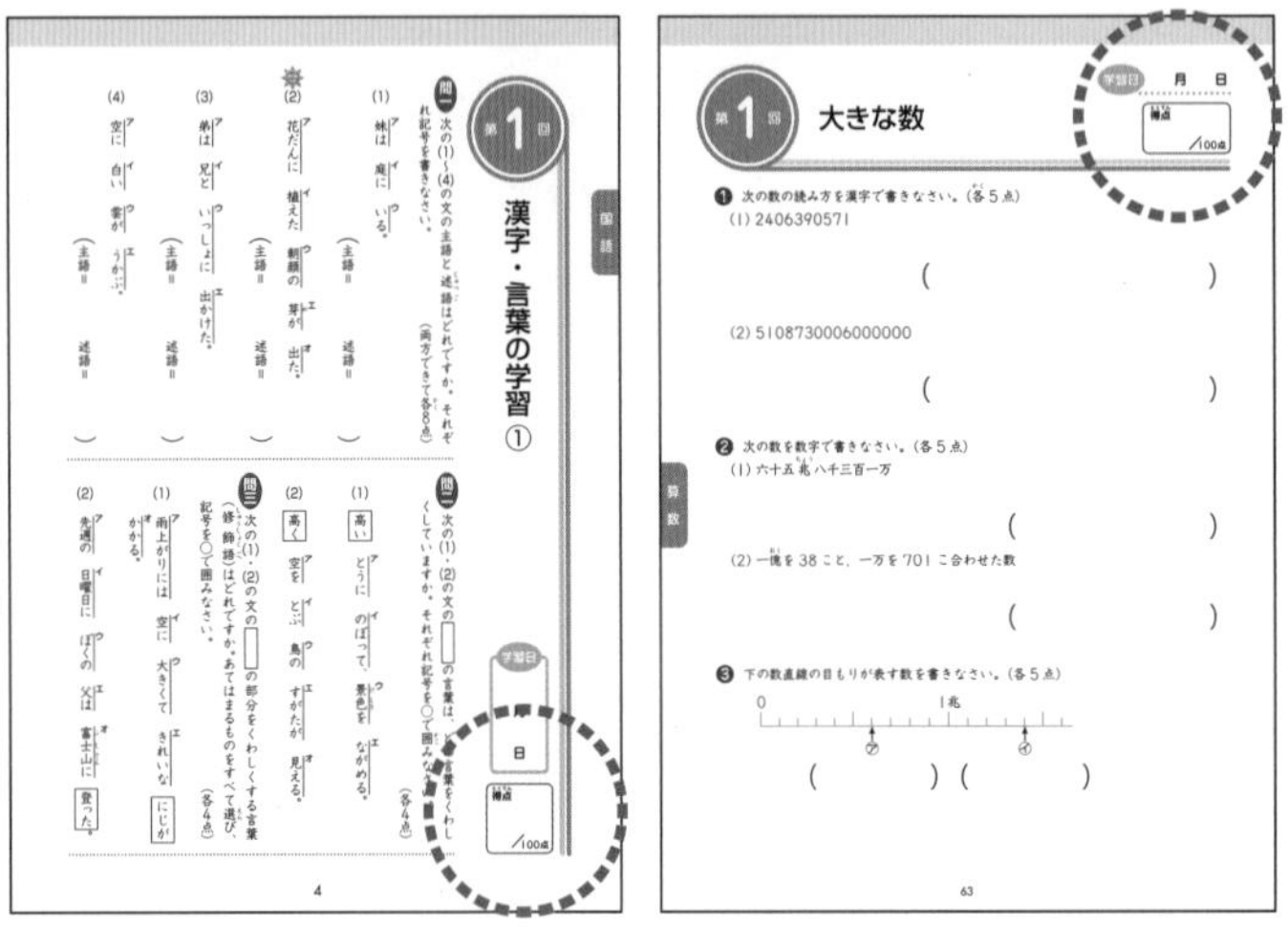

ここに得点を書くよ。

★ 1回分が終わったら,「わくわくシール」を 1 まいはりましょう。台紙は最後《さいご》のページにあります。

全部終わると 1 まいの絵ができるよ。

目次

国語は反対《はんたい》がわから始まるよ。

くわしくは次のページで！

小学5年生の学習のポイント、教えます。

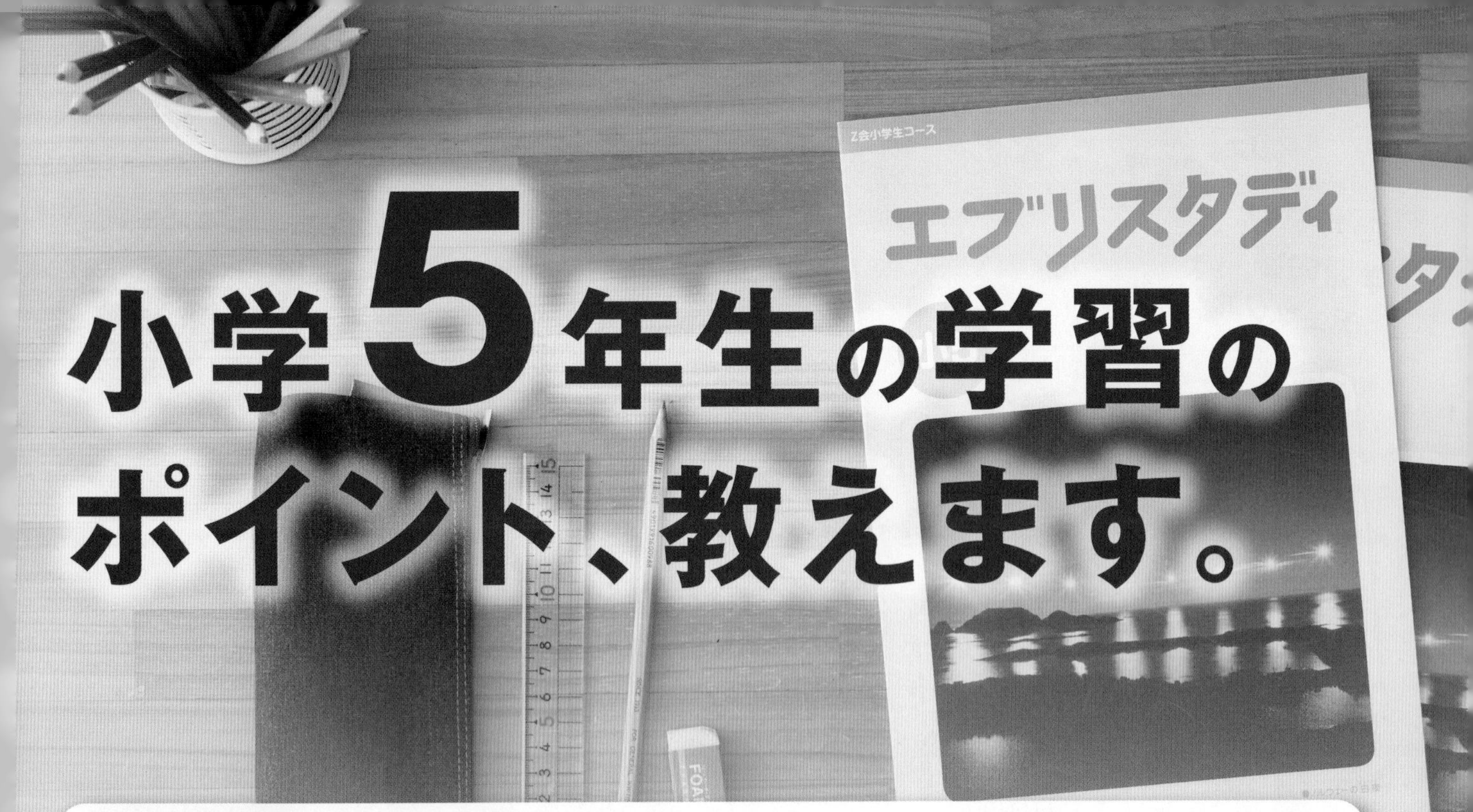
Z会小学生コース
エブリスタディ

国語

文章の主題や主張をとらえ、自分の考えをもつことが求められます。

5年生の国語では、文章の主題や筆者の主張を正確にとらえ、それに対する自分の考えをもつことが求められます。また、理解した内容を正確に記述する力も必要です。教科書の文章だけでなく、たくさんの文章や本に積極的にふれて、今後につながる国語力を鍛えることが大切になってきます。

5年生の国語で取り上げられる作品数

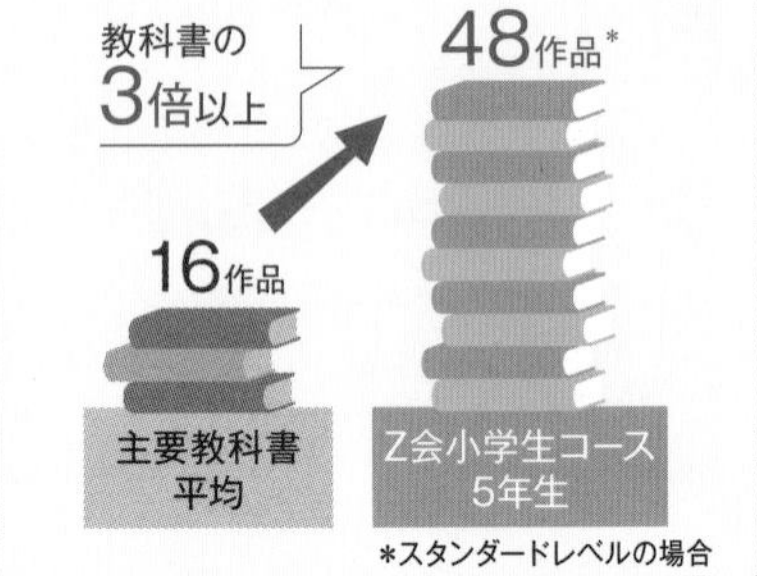
教科書の
3倍以上
16作品
48作品*
主要教科書
平均
Z会小学生コース
5年生

*スタンダードレベルの場合

Z会なら

さまざまな文章にふれ、将来につながる力を着実に養成！

オリジナルカリキュラムで多くの文章にふれます。解説では、問題に取り組む際のポイントと、文章を読み解くうえで着目すべき箇所を示すので、解答の根拠を意識しながら読む習慣が定着します。

算数

つまずきやすい重要単元にたくさん取り組みます。

つまずきやすく、中学数学にもつながる重要単元が頻出する5年生の算数。ただ公式を覚えるのではなく、「なぜそのような公式になるのか」「どうしてそのように解くのか」ということを、覚えた知識を応用して導き出す力が必要です。

❶ ここでつまずく　「小数のかけ算・わり算」「割合」「面積・体積」

第4回
小数÷小数の計算

Z会なら

公式の暗記に終わらせず、単元の根本からわかりやすく説明！

基本をしっかりおさえたうえで、段階を追って実力アップできるように教材を構成。解説では別解も積極的に紹介しているので、柔軟に考える力が伸びていきます。

※画像は小学生コースのものです。

理科

さまざまな「実験」や「自然現象」について比較して考察する内容が多くなります。

5年生では、さまざまな条件で実験や観察を行い、その結果を比較して考察する内容が増えます。4年生のときよりも複雑な実験や観察が増えるため、情報を整理して理解する力が求められます。

! ここでつまずく 「植物の発芽と成長」「電流のはたらき」「もののとけ方」

Z会なら

豊富な図や写真で、イメージを伴う理解を促進。

実験方法から結果まで、写真や図、表を使ってわかりやすく説明しているので、イメージがつかみやすく、深い理解が得られます。また、実験や観察の文章を読み、結果を比べたり考察したりする問題にも取り組み、論理的な思考力を養います。

社会

本格的な地理学習がスタートします。

5年生の社会では地理学習が本格的に始まります。また、4年生までと比べて、「グラフや表などの統計資料を読み取る学習」の比重が高まります。農業や工業といった幅広い範囲の学習が体系的に始まるので、習った内容を自分で整理することが大切です。

! ここでつまずく 「世界の主な大陸・海洋・国」「日本の農業・工業」

Z会なら

一つひとつ確かめながらステップアップするから安心です。

豊富な図やイラストを使って解説しているので、初めて学ぶ内容にも興味をもつことができ、難しい事柄でも確実に理解していけます。また、重要ポイントはくりかえし自分で確認することで自然に定着するよう、工夫しています。

英語

英語の教科学習がスタート。「聞く」「話す」だけでなく、「書く」「読む」学習も始まります。

5年生からは教科学習がスタートします。Z会の学習では、「聞く」「話す」アクティビティで英語に親しむだけでなく、「書く」「読む」学習にも取り組み、自分ができることを伝えたり、道案内をしたりして英語力の基礎を養っていきます。

Z会の小学生コースなら

英語を実際に「使う」経験ができます。

音声の再生や録音ができるWebアプリから、英語の音声を気軽に聞きながら学習することができます。さらに毎月、テキストで学習した表現を用いて、外国人講師と実際に会話をするオンラインレッスンつき。英語を積極的に使う姿勢と、英語の基本表現を自然に身につけることができます。